KB117861

이토록 매혹적인 고전이라면

이토록 매혹적인 고전이라면

서가
명강
15

한번 빠지면 헤어 나올 수 없는
고전 읽기의 즐거움

홍진호 지음

서울대학교
독어독문학과 교수

Hofmannsthal

Goethe

Hesse

G e r m a n   L i t e r a t u r e

Kafka

21세기북스

자연과학
自然科學, **Natural Science**

과학, 수학, 화학, 물리학,
생물학, 천문학, 공학, 의학

사회과학
社會科學, **Social Science**

경영학, 심리학, 법학, 정치학,
외교학, 경제학, 사회학

예술
藝術, **Arts**

음악, 미술, 무용

문학
文學,
Literature

인문학
人文學, **Humanities**

언어학, 역사학, 종교학,
고고학, 미학, 철학, 문학

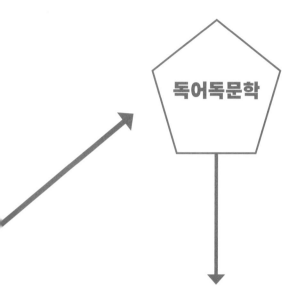

독어독문학

독어독문학이란?
獨語獨文學, german language & literature

독일의 문학과 언어를 탐구하는 학문으로, 서구문화에 대한 올바른
이해에서 한발 더 나아가 우리의 문화적 지평을 넓히는 것을 목표로 한다.
독일문학 및 독일어와 관련된 여러 현상과 이를 설명하는 이론을 다룰 뿐만
아니라, 독일 사회, 문화, 역사에 대한 폭넓은 이해를 추구한다.

이 책을 읽기 전에 주요 키워드

문학작품의 해석(interpretation)

일반적으로 높은 문학적 가치를 인정받는 문학작품들은 줄거리 이면에 또
다른 이야기들을 숨기고 있는 경우가 많다. 이렇게 숨어 있는 이야기를 다
양한 방식으로 찾아내는 것을 해석이라고 한다. 해석은 문학작품을 이해하
는 데 매우 중요한데, 작가가 작품을 통해 말하고자 하는 바는 대개의 경우
이 숨어 있는 이야기들에 담겨 있기 때문이다.

세기전환기(世紀轉換期)

19세기 후반에서 20세기 초반까지 유럽의 사회와 문화에서 일어난 격변을
설명하기 위해 등장한 말이다. 흔히 산업혁명, 세계대전, 자연과학의 발달
등과 함께 풀이된다. 인간관과 세계관의 변화로 인해 사회 전반에서 이전과
는 완전히 다른 새로운 양상이 나타난다.

자연주의(naturalism)

사실을 있는 그대로 묘사하고자 하는 사실주의적 경향을 계승하되, 변화한
사회 상황에 대한 새로운 인식 및 자연과학적 사고방식을 적극적으로 수용
하면서 나타난 19세기 후반의 문학 및 예술사조. 전통적인 예술적 경향으
로부터 모더니즘으로 이어지는 연결고리 역할을 하기도 했다. 전통적인 이
상주의적·형이상학적 경향에 반대하며, 인간과 사회의 그늘진 구석이라 하
더라도 사실 그대로 묘사하는 극단적인 리얼리즘을 추구했다.

유미주의(aestheticism)

세기전환기에 생겨난 다양한 문학적 경향 중 하나다. 예술과 아름다움의 가
치를 절대적인 것으로 보고, 오로지 예술 그 자체를 위한 예술을 지향한 문
학사조를 뜻한다. 비슷한 시기에 상징주의, 인상주의, 신낭만주의, 신고전주
의 등의 문학적 경향이 동시다발적으로 생겨났다.

임마누엘 칸트(Immanuel Kant)

독일 계몽주의를 대표하는 철학자로 서양 철학의 발전과 독일 근대문화의 형성에 지대한 영향을 미쳤다. 독일문학이 이성 중심적 사고를 기반으로 하는 계몽주의 문학부터 본격적으로 발전하기 시작했다는 점에서, 또 고전주의 작가들이 칸트의 영향을 크게 받았다는 점에서 칸트가 독일문학의 발전에도 중요한 역할을 했다고 할 수 있다.

프리드리히 니체(Friedrich Nietzsche)

독일의 고전문헌학자이자 철학자다. 명성을 얻은 것은 사후의 일이지만, 자연주의 이래로 유럽 문학과 예술에 커다란 영향을 끼쳤다. 특히 몰락해가는 기독교와 유럽 문화를 주요 주제로 삼고 새로운 미적 가치를 내세운 세기전환기의 문학적 경향이 탄생하는 계기를 제공하기도 했다.

발전소설(Bildungsroman)

독일문학에서 오랜 전통을 가지고 있는 소설 형식 중 하나로, 성장소설이라고도 한다. 방황과 시행착오를 반복하며 성숙한 인간으로 성장해가는 내용을 담은 소설을 뜻하며, 18세기 후반 요한 볼프강 폰 괴테(Johann Wolfgang von Goethe)에 의해 전형이 만들어진 후 독일 소설의 큰 흐름으로 자리 잡았다.

환상문학(fantasy fiction)

자연법칙을 파괴하는 초자연적 사건을 묘사하는 소설 형식이다. 18세기 중반 영국에서 처음 등장했다. 낭만주의 시기에 이르러 계몽주의의 이성 중심적 사고에 대한 반발로 첫 번째 전성기를 맞았다. 이성과 과학이 크게 발전한 19세기 말과 20세기 초에는 보다 다양한 양상으로 발전했으며, 20세기 중반 이후로는 특히 대중문학 쪽에서 주요 장르로 자리 잡았다.

차례

이 책을 읽기 전에	학문의 분류	4
	주요 키워드	6
들어가는 글	내 삶에 새겨진 한 권의 고전	11

1부 그 책은 나의 일부가 되었습니다
– 헤세 『데미안』

『데미안』이 내 삶을 영영 바꿔놓고 말았다	19
"신은 죽었다" 새로운 세계관의 탄생	39
나의 방황과 괴로움을 앞서 살아간 사람	58
Q/A 묻고 답하기	72

2부 단 한 문장도 허투루 쓰인 것은 없다
- 괴테 『젊은 베르터의 고통』

이루지 못한 사랑으로 괴로웠던 모든 이에게	79
독일문학은 괴테 이전과 이후로 나뉜다	88
계몽주의 VS 질풍노도, 사랑 너머의 이야기	110
불후의 명작에는 이유가 있다	143
Q/A 묻고 답하기	157

3부 아직도 풀지 못한 수수께끼 같은 책
– 호프만스탈 「672번째 밤의 동화」

세기말 아름다운 삶의 멜랑콜리   163
탐미적 인간을 묘사한 언어예술가   174
마침내 암호 같은 문장을 해독하다   197
정서적 감동에서 지적 울림으로   214
Q/A 묻고 답하기   237

4부 어느 날 찾아온 기괴하지만 특별한 세계
– 카프카 「변신」 「시골의사」

20세기 이후 가장 충격적인 도입부   243
「변신」 환상문학으로의 초대   267
「시골의사」 애초에 해석이 불가능하다면   278
Q/A 묻고 답하기   291

나가는 글   책 읽기, 가장 신나는 지적 탐험   296
주석   299

"고전을 올바로 이해하고 즐기는 것은 숨은 이야기를 찾아내는 것, 즉 우리가 '해석'이라 부르는 세심한 독서와 성찰로부터 시작된다."

내 삶에 새겨진 한 권의 고전

18, 19세기 유럽에서 명작으로 인정받았던 문학작품은 당시 유럽의 사회문화적 맥락에서 흥미롭고 의미 있는 것으로 인정받았던 작품들이다. 그런데 당대의 사회문화적 맥락을 전혀 모르는 오늘날 한국 독자에게도 그 작품들은 흥미롭고 의미 있는 것으로 받아들여질 수 있을까?

이 질문은 이 책의 토대가 되는 서울대학교의 교양수업 〈독일명작의 이해〉 강의안을 만들 때 내가 제일 먼저 머릿속에 떠올린 질문이다. 다양한 수준에서 학생들을 가르치는 많은 교육자들이 서양 고전문학, 예컨대 독일이라면 괴테의 『파우스트Faust』나 토마스 만Thomas Mann의 『마의 산

Der Zauberberg』등을 반드시 읽어야 할 '필독서'로 제시한다. 하지만 이러한 작품들은 학생들에게 재미도 없고 의미를 파악하기도 어려운 작품들로 이해되는 경우가 많다.

그도 그럴 것이 이 명작들은 각기 자신의 시대에 중요했던 사회문화적 이슈들을 그 시대에 재미있다고 여겨졌던 방식에 따라 풀어쓴 것이기 때문이다. 물론 우연히도 그 작품들의 줄거리가, 온갖 다양하고 흥미진진한 내러티브에 익숙해진 오늘날 한국 독자들에게 재미있게 느껴질 수도 있다. 하지만 21세기를 살아가는 우리에게 이 명작들은 그 재미와 의미를 파악하기 어려운 경우가 대부분일 것이다.

이러한 상황에서 독일의 고전 명작들을 소개하는 사람에게 주어진 과제라면, "독일의 명작을 어떻게 하면 재미있게 읽을 수 있을까?" 혹은 "독일의 명작을 어떻게 하면 즐길 수 있을까?"라는 질문에 답을 제시하는 일이 될 것이다.

이 책은 두 가지 방식으로 그 질문들에 대한 답을 제시한다. 첫 번째는 작품이 쓰인 시대의 사회문화적 맥락을 상세하게 소개함으로써 작품에서 얘기되고 있는 내용이 무엇인지를 올바르게 이해하도록 하는 것이다. 두 번째는 전통적인 문학작품을 올바르게 감상하고 즐기는 여러 가지 방법을 제시하는 것이다.

이를 위해 이 책에서는 모두 네 명의 독일 작가가 쓴 다섯 편의 작품들을 하나씩 차근차근 살펴본다. 첫 번째로 함께 읽어볼 작품은 우리에게 너무나도 익숙한 작가인 헤르만 헤세Hermann Hesse의 『데미안Demian』(1919)이고, 두 번째는 독일 고전주의 문학을 대표하는 괴테의 『젊은 베르터의 고통Die Leiden des jungen Werthers』(1774)이다.

이 두 작품이 우리에게도 잘 알려져 있는 데 반해, 세 번째로 다루는 작가와 작품은 아마도 많은 독자들에게 생소할 것이다. 오스트리아 출신으로 20세기 초반에 활동한 후고 폰 호프만스탈Hugo von Hofmannsthal의 「672번째 밤의 동화Das Märchen des 672. Nacht」(1905)는 그 생소함만큼이나 새로운 고전 읽기의 즐거움을 알게 해줄 것이다. 마지막으로 다룰 작품은 프란츠 카프카Franz Kafka의 기괴한 소설 「변신Die Verwandlung」(1915)과 그보다 더 기괴하고 난해한 이야기 「시골의사Ein Landarzt」(1918)이다.

이 작품들은 제각기 너무나 다른 성격을 가지고 있어서 독일 고전문학을 즐기는 다양한 방법을 알아보는 데 도움이 될 것이다. 하지만 이 몇 편의 작품들로 모든 독일 고전작품들에 적용할 수 있는 일반적인 독서의 방법을 찾는 것은 불가능하다. 다만 이 책은 독일의 고전 명작들, 더 나아가 서양의 고전 명작들을 오늘날 우리의 관점에서 이해하고 즐길 수 있는 기본적인 방법을 개관할 수 있도록 해줄 것이다

오늘날 개인의 자유시간을 책임지는 콘텐츠로서 문학, 특히 고전문학은 분명 점점 경쟁력을 잃어가고 있다. 두 번 생각하지 않고 이해할 수 있는 속도감 있는 내러티브가 지배적인 오늘날 문화산업에서 선행지식 없이 이해하기 어렵고, 두 번 세 번 읽어서야 진정한 의미를 파악할 수 있는 고전문학은 시대에 뒤떨어진 것으로 여겨질 수밖에 없다.

하지만 재미있는 내러티브로서가 아니라, 삶과 세계에 대한 진지한 고민을 담은 글로서의 고전문학은 여전히 커다란 가치가 있다. 그리고 그에 걸맞은 도구들을 손에 쥐고만 있으면 고전문학을 읽는 것도 지극히 즐겁고 재미있는 일이 될 수 있다. 그것은 당연히 오늘날의 흥미진진한 영화나 TV드라마, 애니메이션이나 만화, 웹소설 등

이 줄 수 있는 것과는 다른 즐거움과 재미이지만, 한번 빠지면 헤어 나오기 어려운 깊이를 가진 즐거움과 재미이기도 하다. 그러한 즐거움과 재미를 찾는 데 이 책이 조금이라도 도움이 되기를 바란다.

이 책은 서울대학교 교양강의 〈독일명작의 이해〉에서 다루고 있는 여러 독일문학 작품들 중 다섯 편의 소설과 그에 대한 수업 내용을 담고 있다. 해당 부분을 읽기 전에 각 소설들을 먼저 읽는다면 이 책을 좀 더 재미있게 즐길 수 있을 것이다. 「672번째 밤의 동화」에 대한 해석 일부는 내가 발표했던 논문 내용과 거의 동일하다.

이 책이 나오기까지 커다란 인내심을 가지고 기다려주고, 또 응원해주신 21세기북스 장보라 님, 강지은 님께 특별한 감사의 마음을 전한다.

2021년 2월

홍진호

1부 _____

Hesse

German Literature

그 책은

나의
일부가

되었습니다

- 헤세 『데미안』

『데미안』은 구체적인 '내면'의 뜻과 무관하게, 삶의 의미와 자기 자신의 가치를 찾아 헤매는 모든 이들과 문제의식을 공유하고 있다. 우리가『데미안』을 읽고 감동하는 시기가 보통 사춘기이자 방황의 시기, 즉 모든 가치를 부정하거나 모종의 이유로 상실했음에도 이를 대체할 새로운 무언가를 아직 찾지 못한 시기인 것도 바로 이 때문이다.

『데미안』이 내 삶을 영영 바꿔놓고 말았다

운명처럼 만난 헤르만 헤세

누구나 자신의 삶을 결정짓는 운명적인 순간을 마주한다. 그리고 어떤 이들에게 그 운명적 순간은 한 권의 소설을 읽는 동안에 찾아온다. 독일 록 음악의 전설 중 한 명인 우도 린덴베르크도 그랬다.

2차 세계대전 직후인 1946년에 독일의 소도시 그로나우에서 태어난 린덴베르크는 독일 록 음악 1세대를 대표하는 뮤지션 중 한 명이었다. 독일의 전설적인 록 그룹 스콜피온스처럼 영어로 노래를 부르는 가수나 그룹이 많았던 당시 독일 록 음악계에서 린덴베르크는 특별했다. 그는 일상의 이야기를 섬세한 감수성으로 전달하는 독일어 가사로 대중들의 큰 사랑을 받았다. 이러한 린덴베르크의 헤세에 대한 애정은 독일에서 잘 알려져 있다.

그는 2년에 한 번씩 헤세의 고향 칼프에서 '헤르만 헤세 음악제'를 개최하고 있다. 또한 2008년에는 직접 자신이 좋아하는 헤세의 시와 산문들을 모아 『우도 린덴베르크-나의 헤르만 헤세』라는 제목의 모음집을 발간하기도 했다. 이 책에서 린덴베르크는 이렇게 적고 있다.

나는 헤세를 읽을 때 편안함을 느낀다. 헤세는 이미 오랫동안 나의 근처에 있었으며, 그가 없었더라면 내 삶은 분명 꽤나 달랐을 것이다. 헤세는 이미 어린 시절부터 나에게 큰 영감과 자극을 주었으며, 삶의 방향을 잡을 수 있도록 해주었다. 군국주의와 민족주의, 잔인하고 비인간적인 모든 광기에 대한 그의 자세와 자기 자신의 길에 대한 그의 생각-이런 것들이 일찌감치 나를 사로잡았다. 그래서 나는 헤세가 그어떤 다른 작가보다도 더 나와 연결되어 있다고 느낀다.

린덴베르크는 18세에 『데미안』을 처음 접한 후, 『싯다르타^{Siddhartha}』(1922), 『황야의 이리$^{Der\ Steppenwolf}$』(1927) 등을 읽으며 헤세에 빠져들었다. 그런데 이러한 린덴베르크의 경험에서 눈에 띄는 것은, 청소년에서 성인으로 넘어가는 그 시기의 기억이 단순히 어린 시절의 추억으로 남지 않고 이후의 삶에 끊임없이 영향을 끼쳤다는 것이다. 헤세의 소설들이 남긴 인상이 너무나 강렬해서일까? 아니면 헤세의 소설이 삶을 결정적으로 변화시킨 어떤 계기를 제공했거나, 매우 중요한 개인적 경험과 연결되어 있어서일까?

밑줄을 그어가며 『데미안』을 읽는 이유

린덴베르크의 경우처럼 헤세의 소설이 단순히 '재미와 감동을 주는 이야기'가 아니라 독자 자신의 삶과 한 덩어리로 얽혀 있는 무언가로 기억되는 경우를 우리는 종종 찾아볼 수 있다. 서점에 가면 계산대 옆에 아직 삼중당 문고의 회전 책꽂이가 서 있던 시절, 감성적인 수필들이 아직 넓은 독자층을 가지고 있던 그 시절에 『그리고 아무 말도 하지 않았다』(1966)라는 우울한 제목의 수필집이 발표되었다.

이 책은 전혜린이라는 작가가 여러 여성지 등에 발표한 수필들을 모아놓은 것이다. 이 수필집이 당시에, 또 그 이

후에도 오랫동안 많은 이들에게 읽힌 것은 전혜린이 당시
로서는 드물게도 서울대 법대를 다녔고, 독일에서 유학한
여성이었으며, 31세 젊은 나이로 자살했다는 사실 때문만
은 아니었다. 유려하고 감상적이며 사변적인 문체로 쓰인
그녀의 수필들은 당시까지만 해도 너무나 먼 나라였던 독
일의 이야기를 우리에게 전했다. 그것은 독일의 사회와 문
화, 문학을 그녀 개인의 삶과 엮은, 왠지 모르게 우울한 분
위기를 자아내는 이국적이고도 매력적인 글이었다. 전혜
린은 이 책에서 여러 차례 헤세에 대해 언급하는데, 그중
가장 인상적인 것은 「두 개의 세계」라는 제목을 달고 있는
수필이다.

데미안을 몹시 사랑하던 내 친구가 대학교 2학년 때 어느 날
나에게 와서 데미안을 빌려달라고 부탁한 일이 있다. 다음
주 월요일 꼭 갖다 주겠다고 약속하면서 그 친구는 빨간 줄
투성이인 내 데미안을 빌려갔다. 여학교 동창이고 기계처럼
매사 정확한 모범생인 그 친구는 월요일에 나에게 오지 않
았다. 나는 무심코 별일 없이 그냥 못 오게 되었는 줄만 알고
있었다. 그 후 약 반달이 넘어서야 나는 그 아이가 그때 이미

죽어 있었기 때문에 못 온 것을 알았다. 죽는 순간까지 데미안을 읽고 있었다 한다. 그래서 그 책도 같이 무덤 속에 들어가고 말았다.[1]

이 글에는 저자가 『데미안』을 왜 빨간 줄까지 쳐가면서 읽었는지, 또 『데미안』을 사랑한다는 친구가 왜 『데미안』이 없어 빌려야만 했는지, 친구는 왜 죽었는지, 죽을 때 『데미안』을 읽고 있었다는 것이 무슨 의미인지, 친구의 죽음과 『데미안』 사이에 어떤 관계가 있는 것인지는 전혀 드러나 있지 않다. 가만히 생각해보면 불분명하거나 의아한 점이 많은 이야기다. 그러나 『데미안』을 '겪어본' 사람이라면, 그럼에도 불구하고 이 짧은 이야기에 가슴 깊은 곳에서 우러나오는 동감을 느낄 수 있을 것이다.

밑줄을 그어가며, 책의 좁은 여백에 깨알 같은 글씨로 이런저런 상념을 적어본 것이 전혜린뿐이었을까? 죽을 것처럼 힘들고 괴로운 방황의 순간에 『데미안』으로부터 위로를 받고, 그래서 힘이 들 때마다 몇 번이고 다시 『데미안』에 손을 뻗어본 것이 일찍 삶을 마감한 그 친구뿐이었을까?

이 세상의 수많은 『데미안』 독자들은 어쩌면 모두 인생의 중요한 한순간을 공유하고 있을지도 모른다. 그리고 그 순간을 공유하고 있는 이들은 그 어떤 다른 설명 없이도 죽어가는 순간에 『데미안』을 읽고 있었다던 친구를 진심으로 이해할 수 있을 것이다. 그들에게 『데미안』은 책장 속에 꽂혀 있는 여러 소설들 중 하나가 아니라 삶의 가장 개인적인 부분에 연결되어 있는, 어쩌면 지나간 삶의 일부인지도 모른다.

때로는 책 한 권이 삶을 바꾸기도 한다

내 경우도 크게 다르지 않았다. 중학교 2학년 때 작은누나가 읽어보라며 무심하게 책상 위에 툭 던져놓고 간 삼중당 문고 한 권은 내 삶의 방향을 영영 바꿔놓고 말았다. 그때까지 전자기기와 컴퓨터와 코딩에 푹 빠져 있던 나는 손바닥만 한 책 한 권, 『나르치스와 골드문트Narziss und Goldmund』(당시 삼중당 문고판 번역 제목은 『지와 사랑』이었다)를 읽고 망치로 머리를 얻어맞은 듯한 충격에 사로잡혔다. 이런 세계가 있구나. '나'가 누구인지, 삶이란 무엇인지, 죽음이란 무엇인지, 끝없이 머릿속을 맴돌지만 그 대답의 실마리조차 찾을 수 없었던 질문들에 대한 답을 그 안에서 찾을 수 있을 것만 같았다.

선생님과 부모님께 배우는 고리타분한 삶의 자세와 규범, 남들이 규정하는 삶의 가치와 목표를 비웃으며 무시하지만, 그것들을 대신할 만한 내 것을 찾을 수 없었던 사춘기 소년에게 헤세의 목소리는 강렬했다. 싱클레어와 데미안의 이야기를 모두 이해할 수는 없었지만, 삶과 세계에 대한 질문들이 오가는 이야기를 읽는 것만으로도 흥분되었고, 방황하며 성장해가는 싱클레어 모습은 왠지 커다란 위안을 주었다.

'문학에 답이 있다.' 어린 나는 그렇게 생각했다. 그리고 어느 순간 나는 독일문학을 연구하고 가르치는 사람이 되어 있었다.

하지만 독일문학 연구자로서 나는 늘 헤세와 데미안에 거리를 두고 있었다. 한국에서도 독일에서도 헤세는 토마스 만이나 카프카 등 동시대의 다른 유명한 작가들처럼 많이 연구되는 작가가 아니었고, 나 자신도 그 사이에 보다 흥미를 끄는 작가와 작품들, 주제들을 알게 된 탓에 헤세는 내 공부와 연구 대상이 되지는 못했다.

그런데 지금 돌이켜보면 또 다른 이유가 내 마음속에 자리를 잡고 있었던 것 같다. 문학작품을 학문적으로 연구한다는 것이 무엇을 의미하는지 알게 되었기 때문에, 나는 내 삶의 일부와도 같은 작가와 작품을 분석과 치밀한 해석의 틀 안에 밀어 넣고 싶지 않았던 것인지도 모른다. 나의 각별한 과거를 당시 그대로의 기억으로 내버려두고 싶었던 것인지도 모른다. 작가와 시대에 대한 자료와 그간의 연구들을 바탕으로, 또 더 이상은 중학생이나 고등학생이 아닌 연구자의 시선으로 작품을 다시 읽었을 때, 어릴 적 내가 작품을 잘못 이해했음을, 잘못된 이해를 바탕으로 멋대로 감동하고, 위안을 받고, 삶의 방향을 바꿔버렸다는 사실을 깨닫게 될까봐 두려웠는지도 모른다.

하지만 그 순간을 언제까지 피할 수는 없었다. 수업과 강연을 위해 『데미안』을 다시 읽어야만 하는 상황은 머지 않아 닥쳐왔고, 진실의 순간도 피해갈 수는 없었다. 헤세와 『데미안』에 대한 내 열광은 정말 오해에서 비롯된 것이었을까? 아니, 그 이전에 문학작품을 올바로 이해한다는 것은 도대체 무엇을 의미할까?

한마디 말 속에 담은 '문학적' 표현

우선 다음과 같은 장면을 한번 상상해보자.

여자가 잡고 있는 작은 유리잔에 남자가 술을 따른다. 이미
취한 듯 잔에 술이 넘치도록 따른다. 남자가 고개를 숙인 채,
여자의 얼굴을 바라보지 못하고 말한다.
"이거 마시면 우리 사귀는 거다."
조금은 도발적인 시선으로 남자를 바라보던 여자가 말한다.
"안 마시면?"
남자가 잠시 숨을 돌리고 대답한다. 여전히 여자의 얼굴을
바라보지 못한다.
"평생 볼 일 없는 거지."
그제야 남자는 여자의 두 눈을 바라본다. 여자는 커다란 눈
으로 남자의 시선을 잡아둔 채 잔을 들어 소주를 마신다. 눈
을 질끈 감고 한 번에 끝까지 다 마셔버린다. 곧장 입을 맞추
는 남자와 여자. 두 사람이 앉아 있던 길가 포장마차가 화면
에서 점점 멀어진다.

이것은 수많은 패러디를 양산한, 영화 〈내 머릿속의 지

우개〉의 한 장면이다. 이 로맨틱한 장면에서 남자는 우리가 흔히 '문학적'이라 부르는 표현의 적절한 사례를 보여준다.

남자가 원래 하고 싶었던 말은 아마도 "나는 너를 좋아해. 너도 나를 좋아하니? 우리 사귈까?" 정도일 것이다. 그러나 이 세 마디 말 중 그 어느 것도 쉬운 것이 없다. 우리 모두 잘 알고 있다시피 상대방의 마음을 확신하지 못하는 상황에서는 좋아한다고 고백하는 것도, 자길 좋아하는지 묻는 것도, 사귀자고 제안하는 것도 모두 너무나 어려운 일이다. 게다가 설령 운 좋게 여자 역시 남자를 좋아한다 하더라도, 여자가 "나도 너를 좋아해. 너와 사귀고 싶어"라는 쑥스러운 말을 할 수 있는 용기를 가지고 있어야만 남자의 목적은 비로소 달성된다.

어렵다면 어렵고, 쉽다면 쉬운 이 상황에서 남자는 한마디 멋진 말로 모든 어려움을 극복한다. 직설적으로 말하는 대신 자신의 마음을 술 한 잔에 담아 전하고, 여자에게도 말 대신 간단한 행동으로 자신의 마음을 쉽게 전할 수 있도록 해주는 것이다. "이거 마시면 우리 사귀는 거다."

남자의 말과 행동이 낭만적으로, 또 문학적으로 느껴진다면, 그것은 기본적으로 이 상황이 아름답기 때문일 것이다. 그러나 남자의 말은 다른 관점에서도 '문학적'이다. 남자의 말은 표면적으로는 "네가 지금 네 앞에 놓인 한 잔의 술을 마신다면, 나는 그것을 '사귀자'는 나의 제안에 동의하는 것으로 이해하겠다"로 이해할 수 있지만, 그 이면에는 훨씬 많은 의미가 담겨 있기 때문이다.

즉, 남자는 이 간단한 문장을 통해 "나는 너를 사랑해. 하지만 너는 어떤지 모르겠어. 그래서 이야기하기가 몹시 쑥스러워. 네게 거절당할까봐 겁도 나. 그러니 이 술을 마시는 것으로 의사표현을 해줘. 마신다면 너도 나를 좋아하는 것으로 생각할게. 너도 말로 긍정하거나 부정하는 일이 쉽지 않을 거야. 그러자고 말하긴 쑥스러울 테고, 싫다고 말하긴 부담스럽겠지. 그러니 이 술을 마시는 걸로 표현해 줘"라는 긴 이야기를 하고 있는 것이다. '문학적' 표현이란 이처럼 자신이 하고자 하는 말을 숨기고 달리 말함으로써 더 많은 이야기를 하는 것을 뜻한다.

또 다른 예를 살펴보자.

나 보기가 역겨워
가실 때에는

말없이 고이 보내 드리오리다.

영변에 약산
진달래꽃,
아름 따다 가실 길에 뿌리오리다.

가시는 걸음 걸음
놓인 그 꽃을
사뿐히 즈려밟고 가시옵소서.

나 보기가 역겨워
가실 때에는
죽어도 아니 눈물 흘리오리다.

　　이 시는 김소월의 「진달래꽃」이다. 이 시의 시적 자아는
사랑하는 이로부터 버림받은 심정을 비통하고도 아름다운
언어로 표현하고 있다. 그런데 각 단어와 문장의 뜻을 생각
하며 천천히 읽어보면, 이 시에는 좀 이상한 점이 있다.
　　시적 자아는 사랑하는 이로부터 버림을 받았다. 그런데

오히려 자기가 싫어 떠나는 이가 가는 길을 꽃길로 만들어주겠다고 한다. 심지어 절대로 눈물조차 흘리지 않겠다고 한다. 이는 우리가 아는 일반적인 이별 정서와는 좀 다르다. 다른 이유가 있는 것도 아니고 나를 보는 것이 "역겨워" 떠나는 사람을 위해 꽃길을 만들어주겠다니? '그런 사람 때문에 눈물을 흘리지 않겠다'도 아니고, 아무리 슬퍼도 '눈물로 가는 길을 어렵게 만들지는 않겠다'니?

여기에서 우리는 이 시가 겉으로 말하는 것과는 다른 것을 말하고 있는 것은 아닌지 생각해보게 된다. 어쩌면 여기서 묘사되고 있는 것은 우리가 살아가며 겪게 되는 일상적인 이별이 아닐지도 모른다. 우리의 전통문화에서 흔히 등장하는 '한'을 묘사하고 있는 것인지도 모른다. 그렇다면 시적 자아는 이 시의 작가와는 다르게 전통적인 한의 주체인 여성인지도 모른다.

또 다른 관점에서도 볼 수 있다. 왜 하필 꽃을 떠나는 이의 길에 뿌리겠다는 것일까? 단순히 떠나는 이의 앞길을 장식해주기 위해서일까? 어쩌면 "영변에 약산 / 진달래꽃"은 시적 자아의 사랑이 아닐까? 그렇다면 "그 꽃을 / 사뿐히 즈려밟고" 가시라는 것은 자신의 아픈 마음을 밟고 가라는, 자신의 마음이 얼마나 아픈지를 알고서나 가라는 뜻이 아닐까? 아니면, 그렇게까지 내 마음을 짓밟고 갈 수 없다면, 가지 말라는 것이 아닐까?

숨은 재미를 찾는 '세심한 독서'

어떤 해석이 작가가 의도한 것이었는지, 혹은 더 타당한 것인지는 여기에서 논할 바가 아니지만, 분명한 사실은 문학작품은 그것이 시이든 소설이든 희곡이든 겉으로 드러나는 이야기 뒤에 다른 이야기가 숨어 있을 수 있다는 것이다. 물론 줄거리가 전부인 소설도 많지만, 일반적으로 높은 평가를 받는 문학작품들, 특히 '고전'이라 일컬어지는 작품들은 줄거리 이면에 무언가 다른 것들을 숨기고 있는 경우가 대부분이다. 따라서 이러한 문학작품들을 올바로 이해하고 즐기는 것은 이 숨은 이야기를 찾아내는 것, 즉 우리가 '해석'이라 부르는 세심한 독서와 성찰로부터 시작된다고 할 수 있다.

사실 이러한 '해석'은 그 어떤 문학적 지식이나 교육 없이도 누구나 할 수 있다. 앞서 소개한 영화 속 한 장면의 경우 굳이 말로 설명하지 않아도 누구나 남자의 말 속에 숨겨진 의미를 이해할 수 있는데, 이는 우리가 이미 그 장면을 '해석'하고 있기 때문이다. 그러나 대중적인 영화나 소설 등에서 좀 더 복잡하거나 깊이 있는 '해석'을 통해서만 접근할 수 있도록 진짜 이야기를 숨기는 것은 위험한 일이다. 의미를 찾아낼 수 있는 관객이나 독자의 수가 적어지면 적어질수록 상업적인 성공으로부터 거리가 멀어지기 때문이다.

그렇다 보니 오늘날 상업적 성공을 목적으로 하는 대중적인 영화나 TV드라마, 애니메이션 등은 특별한 해석 없이도 쉽게 이해할 수 있도록 재미있는 줄거리를 전달하는 데에 주력한다. 전하고 싶은 메시지가 있더라도 이를 숨기기보다는 직설적으로 드러내는 경향이 있다. 그리고 이에 길들여진 관객과 독자들은 해석 없이 줄거리만을 감상하는 데 익숙해지며, 그들이 읽고 본 것에 대해 두 번 생각하지 않고 빨리, 많은 것을 소비하고자 한다. 이렇게 만들어진 관객과 독자들의 취향은 다시 해석 없이 줄거리만 소비하도록 만드는, 문화의 상업적 경향을 더욱 부추긴다.

상황이 이렇다 보니 오늘날 많은 독자들은 해석을 통해서만 진정한 재미를 얻을 수 있는 문학작품들을 읽는 데 어려움을 겪는다. '고전' 혹은 '명작'이라 불리는 많은 작품들이 오늘날 독자들에게 따분하고 지루하게만 여겨지는 것은 바로 이런 이유 때문이다. 하지만 고전과 명작들, 특히 서양 고전들의 이해가 어려운 이유는 이들 작품을 해석하는 것이 오늘날 한국의 독자에게 결코 쉬운 일이 아니기 때문이기도 하다.

문학작품의 '해석'은 줄거리 이면에 무언가 다른 이야기가 숨어 있다는 사실을 아는 것으로부터 시작된다. 일단 무언가가 숨어 있다는 사실을 알기만 하면 우리는 그것을, 전부는 아니더라도 한 조각씩 찾아내게 된다. 이때 중요한 것은 우선 세심한 독서다. 줄거리 뒤에 숨은 이야기는 작은 뉘앙스 차이를 통해서도, 의미심장한 단어 하나를 통해서도 그 모습을 드러낼 수 있으며, 때로는 소설 전체가 거대한 상징일 수도 있다. 이를 알아차리려면 대강의 줄거리만 파악하는 데서 그치는 것이 아니라, 단어와 문장 하나하나를 세심하게 읽어야 한다.

해석을 위해 세심한 독서만큼이나 중요한 것은 작가 및 작품과 관련된 정보다. 줄거리의 이면에 숨어 있는 메시지는 작가의 개인적인 삶이나, 그가 살던 시대와 밀접한 관계가 있을 수밖에 없다. 따라서 작가의 삶에 대한 정보와 그가 살던 시대와 지역의 사회문화적 상황에 대해 알고 있다면 숨어 있는 이야기를 찾는 일이 훨씬 쉬워진다. 그런데 경우에 따라서는 그러한 정보 없이는 작품 해석이 불가능할 수도 있다.

그런 경우에 우리가 독자로서 파악할 수 있는 것은 줄거리밖에 없고, 그것이 우연히도 줄거리가 재미없는 작품이라면, 우리는 작품을 즐길 수 없을 뿐만 아니라 작품의 가치에 대해 올바른 판단을 내리기 어렵다. 실제로 영화와 TV드라마, 만화, 애니메이션 등을 통해 충격적이고 파격적인 줄거리에 익숙해진 오늘날 독자들에게 재미를 줄 수 있는 이야기는 사실성을 바탕으로 하는 일반 소설에서는 여간해선 찾을 수 없다. 그리고 바로 이것이 우리가 서양 고전을 읽을 때 늘 어려움을 겪게 되는 이유다.

'서양문학의 고전이라면 분명 뛰어난 문학작품일 텐데, 나는 읽고 나서 재미를 느끼기는커녕 읽는 것 자체가 힘들기 짝이 없으니 내가 잘못된 것이 아닐까?'라는 생각은 고전을 읽으며 누구나 한 번쯤 해본 생각일 것이다. 그러나 우리에겐 잘못이 없다. 당연히 서양 고전에도 이 상황에 대한 잘못은 없다. 굳이 누군가에게 잘못이 있다면, 그 누군가는 작가와 작품에 대한 선행지식이 필요하다는 사실을 알리지 않은 채 '서양 고전'을 '살아가며 한 번쯤 반드시 읽어야 할 것'으로 소개하거나 읽기를 강요하는 사람들일 것이다.

이러한 관점에서 중·고등학생들에게 아무런 준비 없이 서양문학의 고전작품들을 읽도록 유도하는 것이나, 줄거리만 요약하여 서양 고전소설들을 동화책으로 만들어 어린아이들에게 읽도록 하는 것은 어리석은 일이다. 이렇게 고전을 접한 아이들은 고전이란 재미없고 이해하기 어려운 것이라는 선입견을 갖게 될 테니, 성인이 되어서 오히려 고전을 멀리할 가능성이 크다.

그러나 서양 고전이라고 해서 무조건 선행지식이 있어야만 이해할 수 있는 것은 아니다. 예를 들어, 뒤에서 보다 자세하게 살펴볼 카프카의 작품들은 여전히 많은 한국 독자들이 재미있게 읽는다. 이는 카프카의 문학을 관통하는 문제의식이 자본주의화된 현대사회를 살아가는 개인의 소외이며, 이 문제는 카프카가 작품을 쓰던 20세기 초의 유럽에서와 마찬가지로 오늘날 한국 사회에서도 여전히 개인의 삶을 결정짓는 가장 중요한 문제들 가운데 하나이기 때문이다.

「변신」의 주인공 그레고르 잠자가 느끼는 소외를 이해하기 위해 우리가 굳이 카프카의 개인적 삶이나, 당대 유럽의 사회문화적 상황에 대해 알아야 할 필요는 없다. 그러나 그러한 사전 정보를 가지고 있을 때 작품을 보다 다양한 관점에서 읽을 수 있으며, 다른 이들은 찾지 못할 소설의 숨은 의미를 발견할 수 있다는 것 또한 분명하다.

헤세의 『데미안』도 마찬가지다. 우리는 일반적으로 헤세가 독일 작가라는 정도만 아는 상태에서 소설을 읽기 시작한다. 하지만 단순히 줄거리만 파악하는 것이 아니라 데미안이 어린 싱클레어에게 들려주는 카인과 아벨 이야기를 나름대로 해석하다 보면, 반복해서 등장하는 "내면으로의 길"이 무엇인지 이해할 수 있다. 그 정도만으로도 우리는 작품을 충분히 즐길 수 있고, 진한 감동을 받을 수 있다. 그러나 내가 이해한 것이 헤세가 전달하고자 했던 바로 그 내용일까? 헤세는 혹시 데미안과 싱클레어의 이야기를 통해 오늘날 한국 독자들이 생각할 수 없는 무언가 또 다른 이야기를 전달하고자 했던 것은 아닐까?

이 질문에 답을 하기 위해서, 또 『데미안』을 작가의 의도에 따라 보다 깊이 있게 이해하기 위해서 우리는 헤세와 그가 살아간 시대의 독일에 대한 정보들을 바탕으로『데미안』을 해석해야 한다. 이제 본격적으로 헤세가『데미안』에 그려 넣은 "내면으로의 길"을 찾아가보도록 하자.

"신은 죽었다"
새로운 세계관의 탄생

작가 외에는 그 무엇도 되려 하지 않다

헤세는 1877년 독일 남부 지역의 칼프라는 작은 도시에서 태어났다. 아버지 요하네스 헤세는 선교사였으며, 어머니 마리 헤세 역시 선교사의 딸로서 신앙심이 깊은 사람이었다. 1891년, 헤세는 아들을 성직자로 키우고자 하는 부모님 바람에 따라 마울브론 수도원에서 운영하는 신학교에 입학했다.

이곳은 상당히 엄격한 규율을 가진 학교로서, 자유로운 천성을 지녔던 어린 헤세에게 어울리는 곳이 아니었다. 당시 선생님들의 증언에 따르면, 자유롭고 고집이 세며 에너

노년의 헤르만 헤세(1877~1962)

지가 넘치는 학생이었던 헤세는 다루기가 매우 힘들었다고 한다. 결국 엄격한 학교생활에 적응하지 못한 헤세는 학교 무단이탈 등의 문제를 일으키다 급기야 자살 시도까지 하게 된다. 이때 나이가 고작 14세였다. 이처럼 힘든 청소년 시절을 보냈지만, 헤세에게는 확실한 꿈이 있었다. 어린 시절부터 글쓰기와 그림에 뛰어난 재능을 보였던 헤세는 '작가 외에는 그 무엇도' 되려 하지 않았다.

그 꿈이 실현되는 데에는 그리 오랜 시간이 필요하지 않았다. 만 20세가 되던 1896년에 시「마돈나Madonna」가 오스트리아 빈에서 발행되던 잡지에 수록되었으며, 20세기에 들어서기 직전인 1898년에는 첫 시집『낭만적 노래들Romantische Lieder』이, 1899년에는 산문집『한밤중의 한 시간Eine Stunde hinter Mitternacht』이 발표되었다. 그러나 헤세를 작가로서 세상에 널리 알린 작품은 1904년에 발표된 소설『페터 카멘친트Peter Camenzind』였다. 저명한 피셔 출판사에서 출간된 이 소설의 성공으로 헤세는 전업 작가로서 살아갈 기반을 마련하게 되었다. 그리고 1906년에 마울브론 신학교에서의 경험을 바탕으로 쓴『수레바퀴 아래서Unterm Rad』가 발표된 후에는 작가로서 그의 입지가 더욱 탄탄해졌다.

이후 1914년에 1차 세계대전이 발발하자 헤세는 자원입대를 신청했다. 그러나 시력이 약해 이미 군복무를 한 번 면제받은 적이 있던 헤세는 이번에도 건강상의 이유로 입대에 실패했다. 이렇게 군인이 되지 못한 것을 헤세는 후에 다행으로 생각했을지도 모른다. 그로부터 몇 년 뒤, 전쟁의 참상을 목격한 헤세는 단호한 반전주의자가 되기 때문이다.

광기의 시대를 대하는 태도

1차 세계대전이 발발했을 때 대부분의 독일 지식인들은 전쟁을 환영했다. 전쟁이 19세기 중반 이후 유럽 사회를 뒤덮었던 사회적, 정치적, 종교적, 외교적 혼란을 끝내주고, 새로운 질서를 가져다줄 것이라 믿었기 때문이다. 헤세 역시 처음에는 전쟁을 반기는 태도를 보였으며, 많은 다른 독일 지식인들처럼 새로운 시대를 열어줄 전쟁의 역할에 대해 긍정적인 생각을 가지고 있었다. 그러나 프랑스에서 독일 음악이 금지되고, 독일에서 적국의 문학작품이 더 이상 번역되지도 인정되지도 않는 상황에 이르게 되자 그의 생각은 달라진다. 그는 전쟁 동력으로 악용되고 있던 배타적 민족주의가 문화와 예술 영역까지 잠식하는 상황을 비판하는 에세이 「아 친구들이여, 그런 말투는 아니다!^{O Freunde,} nicht diese Töne 」(1914)를 발표했다.

이 에세이로 인해 헤세는 수많은 독일인들로부터 항의 편지를 받고 독일 언론으로부터 거센 공격을 받았다. 많은 지인들이 그에게서 등을 돌리기도 했다. 그러나 그러한 공격은 헤세의 생각을 바꿀 수 없었다. 그 후 헤세는 오히려 보다 단호한 반전주의자가 되었다. 전쟁 역사상 처음으로 대량학살을 위한 무기들이 대거 투입된 1차 세계대전은 단시간 안에 끝날 것이라는 애초 기대와 달리 4년 이상 지속되었고, 독일에서만 620만 명 부상자와 200만 명 이상의 사망자를 낳았다. 인간에 대한 진실한 애정으로부터 출발하는 헤세의 정신이 이를 용납할 수는 없었다.

주류 견해에 휩쓸리지 않는 헤세의 태도는 나치가 급격하게 세력을 넓혀가던 1930년대 초에도 변함이 없었다. 나치의 위협적인 광기가 독일을 휩쓸던 시대에 나치에 대한 반대를 공개적으로 표명하는 것은 불가능한 일이었지만, 헤세는 유대인 작가들과 그 밖에 나치에게 박해받는 작가들의 작품에 대한 서평들을 발표하는 방식으로 자신의 의사를 드러냈다. 그의 작품들은 나치 시대에 공식적으로 금지되지는 않았으나, 헤세는 1936년부터 독일에서 '환영받지 못하는' 작가로 분류되었다.

1차 세계대전부터 나치 시대에 이르기까지 지속된 전쟁과 민족주의에 대한 비판적 태도로 인해서, 또 끊임없는 언론의 공격으로 인해서 헤세는 독일에서 아웃사이더일 수밖에 없었다. 헤세가 1946년에 만년의 대작 『유리알 유희 Das Glasperlenspiel』로 노벨문학상을 받았을 때 오히려 그의 고국에서 환영의 목소리가 크지 않았던 것도, 1950년대에 이르기까지 헤세의 작품들을 폄하하는 분위기가 있었던 것도 이와 관련이 있었다. 1919년 이래로 스위스에서 살았던 헤세는 지리적으로도, 정신적으로도 최소한 주류에 속하는 독일인들에게는 영원한 이방인이었다. 헤세는 1962년에 스위스의 작고 아름다운 도시 몬테뇰라에서 눈을 감았다.

내면으로의 길을 안내하는 『데미안』

헤세가 걸어온 길을 살펴보면 그의 삶을 관통하는 몇 개의 키워드가 눈에 띈다. 바로 방황, 저항, 방랑과 같은 것들이다. 이는 강압적인 교육에 신음하는 소년을 묘사한 초기작 『수레바퀴 아래서』로부터, 삶의 의미를 찾아 방황과 방랑

'싱클레어'라는 가명으로 발표된 『데미안』의 표지

을 이어가는 이들의 이야기인 『나르치스와 골드문트』, 『싯다르타』, 『황야의 이리』와 만년의 대작인 『유리알 유희』에 이르기까지 그의 소설들 속에 고스란히 반영되어 있다.

1919년에 헤세가 '싱클레어'라는 가명으로 발표한 장편소설 『데미안』 역시 주인공 싱클레어가 여러 방황 끝에 자신의 길을 찾아나가는 이야기를 담고 있다. 성장을 다루고 있다는 점에서 『데미안』은 독일문학의 오랜 전통인 '발전소설' 전통을 따르고 있다. 발전소설, 혹은 성장소설은 독일문학의 아버지라 할 수 있는 괴테의 장편소설 『빌헬름 마이스터의 수업시대Wilhelm Meisters Lehrjahre』(1795/96)에서 처음 그 전형이 만들어진 이후 독일 소설의 큰 흐름으로 자리잡은 소설 형식이다. 이는 한 평범한 젊은이가 방황과 시행착오를 반복하며, 또 여러 조력자들의 도움을 받아가며 성숙한 인간으로 성장해가는 내용을 담은 소설을 뜻한다.

독일 소설이라 하면 왠지 삶의 문제와 같은 어려운 내용을 담고 있는 듯한 인상을 주게 되는 것은 이러한 전통 때문이라 할 수 있다. 『데미안』의 주인공인 순진한 소년 싱클레어 역시 처음에는 데미안의 도움을 받아, 그 후로는 피스토리우스와 데미안의 어머니인 에바 부인의 도움을 받아, 최종적으로는 그 누구의 도움도 받지 않고 스스로 발전을 이어나갈 수 있을 만큼 성숙한 인간으로 성장한다.

이러한 성장 과정은 동시에 싱클레어가 세계의 본질, 또 '나'의 본질을 이해하기 위해서는 내면의 목소리에 귀를 기울여야 한다는 사실을 깨닫기까지의 여정이기도 하다. 그것은 싱클레어가 선하고 따듯한 가족의 울타리 바깥에 있는 어둡고 악한 세상을 인지하고, 그 두 세계를 모두 긍정하고 받아들이며, 궁극적으로는 두 세계가 자기 자신의 내면에도 존재함을 알게 되는 여정이다.

이 여정을 묘사하는 과정에서 헤세는 끊임없이 우리 자신의 '내면'을 들여다보고, '내면의 목소리'에 귀를 기울일 것을 강조한다. 그리고 그것이 소설이 발표된 20세기 초부터 오늘날에 이르기까지 수없이 많은 방황하는 젊은 영혼들이 『데미안』에 빠지는 이유이기도 하다. 무엇이 옳고 무엇이 그른지, 어떤 것이 가치가 있고 어떤 것이 가치가 없는지, 삶과 가치의 모든 기준이 불분명한 방황의 시기에, 그 질문에 대한 답이 밖이 아니라 내 안에 있다는, 다른 누군가가 아니라 바로 보잘것없어 보이는 나의 내면에 존재한다는 것만큼 멋진 위로의 말은 없기 때문이다.

그런데 도대체 우리 내면에 무엇이 있기에 헤세는 이렇게 집요하게 내면으로 들어갈 것을, 내면의 목소리에 귀를 기울일 것을 요구하는 것일까? 이 질문의 답을 찾기 위해서는, 혹은 싱클레어와 데미안의 이야기를 '해석'하기 위해서는, 헤세가 살아간 시대의 사회적, 문화적, 정신사적 배경을 알아야 한다.

삶의 모든 조건들은 송두리째 흔들리고

앞서 소개한 것처럼 헤세는 1877년 독일 남서쪽에 위치한 작은 도시 칼프에서 태어났다. 이는 그가 일상적인 삶의 조건으로부터 사회적, 정치적, 정신적 조건들이 모두 송두리째 흔들리던 대변혁 시대에 젊은 시절을 보냈다는 것을 의미한다.

중세 이래로 작은 나라로 쪼개져 신성로마제국의 느슨한 틀 안에 존재해온 독일은 프랑스나 영국과 같이 일찌감치 중앙집권적 국가를 형성한 나라들에 비해 산업발전이 늦었다. 그 결과 다른 유럽 열강들, 특히 영국이 산업혁명의 정점에 도달해가던 19세기 중반에도 독일은 여전히 좋게 말하면 '철학과 문학, 음악의 나라'로, 나쁘게 말하면 산업적으로 낙후된 국가로 남아 있었다. 그러나 19세기 들어 막강한 군사력을 바탕으로 북독일의 강력한 국가로 성장한 프로이센이 독일의 통일을 방해하던 오스트리아, 프랑스와의 전쟁에서 연이어 압도적인 승리를 거두고 1871년 마침내 통일을 이루자, 상황은 급변했다. 독일제국의 산업은 강력한 중앙정부의 지휘와 프랑스에게서 받은 막대한 전쟁배상금을 바탕으로 거침없이 발전하기 시작했다.

통일되기 전인 1860년에 세계 총 산업생산 중 독일이 차지하는 비중은 4.6퍼센트(광공업 제외)로 프랑스의 약

60퍼센트, 영국의 25퍼센트에 불과했다. 그러나 독일제국 수립 후 10년이 지난 시점인 1880년에는 8.5퍼센트로 이미 프랑스를 뛰어넘었고, 1900년에는 13.2퍼센트로 프랑스의 두 배 가까이로 증가했다. 그리고 1차 세계대전 직전인 1913년에는 14.8퍼센트로 13.6퍼센트를 차지한 영국을 뛰어넘었다.

처음에는 중공업을 중심으로, 이후에는 전기산업을 중심으로 전개된 급격한 산업발전은 독일 사회구조에 커다란 변화를 가져왔다. 수많은 사람들이 일자리를 찾아 대도시로 몰려들면서 도시 인구가 급격하게 늘어났고, 아무런 사회적 보장 없이 노동력을 착취당하던 대도시 공장 노동자들은 도시 빈민으로 전락하여 새로운 노동자 계급을 형성했다. 그리고 이 노동자 계급이 생존을 위해 정치세력으로 성장하면서, 귀족과 자유주의적 시민계급의 대립과 균형을 바탕으로 하고 있던 독일의 정치구조가 뿌리부터 흔들리게 되었다.

새로운 산업의 발전은 또한 당대 독일인들 삶의 조건을 크게 바꿔놓았다. 거리와 실내를 밝히던 가스등이 전등으로 바뀌었고, 거리에는 마차가 아니라 전차와 자동차가 사람들을 실어 나르게 되었다. 손님 방문을 알리는 문고리는 전기를 사용하는 초인종으로 대체되었고, 엘리베이터는 더 이상 사람들이 힘들게 계단을 올라갈 필요가 없도록 만들어주었다. 소규모의 수공업적인 생산에서 공장에서의 대량생산으로 산업생산 방식이 바뀌면서 소비자들은 기존이라면 높은 가격 때문에 살 수 없었을 상품들을 저렴한 가격에 구입할 수 있게 되었다.

또, 전화와 전신의 발명은 전 세계에서 벌어지는 일들을 빠르게 알 수 있도록 해주었으며, 기차를 통해 신속한 장거리 이동이 가능해짐에 따라 시간과 공간의 의미 역시 완전히 바뀌게 되었다. 이제 일요일 반나절을 이용해 도시 바깥으로 나들이를 다녀오는 것이 일상적인 일이 되었으며, 알프스 산맥 너머에 있는 이탈리아가 갑자기 훨씬 가까이 있는 나라가 되어버렸다. 뤼미에르가 영화 기술을 발명함으로써 아프리카 사자가 영양을 사냥하는 장면이나 서커스의 가슴 졸이는 장면을 영화관에서 볼 수 있게 되었으며, 라이트 형제의 비행기 발명은 하늘을 날아다니고 싶어하던 오랜 인간의 꿈을 실현해주었다.

이처럼 급격한 산업발전이 가져온 삶의 변화는 단순히

일상생활이나 경제생활 등 물리적인 차원에서만 이뤄진 것이 아니었다. 산업발전과 그 토대가 된 자연과학의 발달을 통해 시간, 공간, 속도, 나들이, 밤, 소비, 노동 등 일상적인 개념들뿐만 아니라, 세계관, 인간관, 종교관 등 우리 삶을 결정짓는 근본적인 사고와 가치체계의 변화도 이뤄졌다.

산업혁명, 새로운 인간관과 세계관

이러한 정신적 변화는 우선 자연과학의 위상 변화와 밀접한 관련이 있다. 산업혁명은 여러 가지 측면에서 기존 산업발전과는 차이가 있었다. 기본적으로 19세기 이전 전통적인 산업발전은 수공업자들의 소규모 생산을 통한 경험적 지식의 축적과 도제 제도를 토대로 한 기술 전수를 통해 이뤄졌다. 그러나 이러한 생산방식으로는 기술의 발전과 축적에 오랜 시간이 걸릴 수밖에 없었다. 경험의 축적은 수많은 시행착오를 전제로 하며, 기술 전수는 세대 단위로 이뤄질 수밖에 없기 때문이었다.

산업혁명 역시 초기에는 수공업적인 토대 위에서 시작되었다. 하지만 산업혁명이 본궤도에 들어서고 다양한 산업 기술이 본격적으로 발전하는 시점에 이르면서 기술 및 산업의 발전은 다른 양상으로 이뤄지기 시작했다. 자연과학적 지식이 적극적으로 활용되고, 애초부터 실용적 목적으로 만들어진 응용과학의 역할이 커지면서 기술과 산업생산의 체계적인 발전이 가능해진 것이다. 이러한 산업혁명 과정을 잘 보여주는 것이 바로 증기기관이다. 기차와 대량생산을 가능하게 만듦으로써 산업혁명의 토대가 된 증기기관은 처음에는 전통적인 수공업 토대 위에서 개발되었다. 하지만 이후에 이뤄진 증기기관 발전에는 열역학 법칙 등 물리법칙의 적용과 활용이 지대한 공헌을 했다.

그 결과 자연과학은 일상생활뿐 아니라 일반적인 삶의 조건을 근본적으로 변화시킨 산업혁명의 토대로서 19세기 중반 이후에 커다란 권위를 획득했다. 우리에게도 잘 알려진 독일 '지멘스 그룹' 창립자인 과학자이자 발명가 베르너 폰 지멘스는 이러한 의미에서 자신이 살아가던 시대를 '자연과학의 시대'라 불렀다. 프로메테우스가 흙으로 만든 인간의 형상에 숨결을 불어넣어 생명을 깨웠듯이 "자연과학의 숨결이 모든 것에 생명을 불어넣는다"는 것이었다.

이러한 시대적 상황 속에서 자연과학은 이제 '만물에 깃든 진리', 즉 모든 자연현상 이면에 숨어 있는 자연법칙을 발견할 수 있는 유일한 학문으로 이해되었다. 이에 따라 문학, 철학 등 자연과학과는 반대편에 서 있는 것처럼 보였던 인문학에서도 자연과학적 방법론을 도입해야 한다는 목소리가 커지기 시작했다. 독일 자연주의 문학을 대표하는 작가 중 한 명인 아르노 홀츠Arno Holz는 예술을 지배하는 자연법칙을 두고 "예술=자연 - x"라고 주장했다. 역시 자연주의 작가이자 평론가였던 콘라트 알베르티Konrad Alberti는 질량 보존의 법칙이 소설을 지배하며, 에너지 보존의 법칙이 드라마를 지배한다고 주장했다.

프랑스 자연주의 문학의 대표자인 에밀 졸라Emile Zola가 「실험소설론」이라는 에세이에서 인간 행동과 운명은 물리적·유전적 조건에 따라 결정되기 때문에, 삶의 물리적·유전적 조건만 주어진다면 소설을 통해 사회 문제나 사회 정책을 시뮬레이션해볼 수 있다고 주장했다는 사실은 우리에게도 잘 알려져 있다.

인간과 세계에 대한 성찰을 담은 철학에서도 마찬가지 경향을 찾아볼 수 있다. 예를 들어 프랑스의 철학자 오귀스트 콩트는 인간의 지식이 3단계에 걸쳐, 즉 "종교의 시대 - 철학의 시대 - 과학의 시대"를 거쳐 발전하며, 인간에 대한 연구 역시 자연과학적 방법론, 즉 구체적 사실에서 출발하여 추상적이고 일반적인 법칙에 도달하는 귀납법을 통해 이뤄져야 한다고 주장했다. 이는 철학사적 측면에서 실증주의의 시작을 알리는 주장이었다. 그러나 이는 동시에 유럽 문화에서 수백 년간 이어져온 인간 이해에 대한 급진적인 변화를 의미하는 것이기도 했다. 인간을 자연과학적 방법에 따라 연구해야 한다는 주장은, 인간 역시 절대적인 자연법칙의 지배를 받는 자연현상이라는 사실을 전제로 하기 때문이다.

세기전환기, 지나간 시대와의 완전한 종결

유럽 문명에서 인간은 항상 자연과 대립적인 존재로 이해되었다. 인간은 선사시대부터 생존을 위해 자연을 극복하고 길들여야 할 적대적 대상으로 바라보았으며, 이러한 생존 조건은 전통적 자연관의 토대를 이뤘다. 흔히 '파우스트적 자연관'[2]이라 일컬어지는 이러한 자연관/인간관은 서양 문명에서는 기독교적 세계관의 영향 아래 발전한 것이기도 했다.

『구약성서』의 창세기 1장 27절과 28절에는 자연과 인간의 창조에 대해 다음과 같이 적혀 있다.

> 하나님이 자기 형상 곧 하나님의 형상대로 사람을 창조하시
> 되 남자와 여자를 창조하시고, 하나님이 그들에게 복을 주
> 시며 하나님이 그들에게 이르시되 생육하고 번성하여 땅에
> 충만하라, 땅을 정복하라, 바다의 물고기와 하늘의 새와 땅
> 에 움직이는 모든 생물을 다스리라 하시니라.

여기에서 분명히 알 수 있는 것은 기독교적 세계관 아래
서 인간은 다른 자연적 존재들과는 달리 신의 형상에 따라
창조된, 신과 자연 사이 어딘가에 위치하는 존재일 뿐만 아
니라, 자연을 정복하고 다스려야 하는 특별한 존재라는 것
이다. 따라서 인간을 자연법칙의 지배를 받는 자연현상으
로 이해한다는 것은, 하나님에게서 받은 특권을 빼앗는 것
이며, 동시에 모든 자연현상과 마찬가지로 물리적, 생물학
적, 유전적 법칙으로부터 출발하여 인간을 유물론적으로
이해한다는 것을 의미한다.

이러한 인간관은 19세기 초부터 빠른 속도로 발전한 생
물학의 연구 결과, 그리고 무엇보다도 19세기 중반 유럽 사

회를 뒤흔든 찰스 다윈의 진화론에서 그 토대가 마련되었다. 자연과학적인 방법으로 면밀하게 살펴보니 지구상의 모든 생물은 최소한 현재 우리가 보는 모습 그대로 처음부터 존재했던 것이 아니라 긴 세월의 진화를 거쳐 오늘날 모습에 이르렀다는 주장, 이것은 아무리 다윈이 조심스럽게 표현하려 했더라도 당대의 종교적인 세계관과 인간관에 커다란 균열을 가져올 수밖에 없었다. 자연과학의 시대에, 자연과학을 토대로 한 인간관과 세계관이 수백 년간 유럽의 문명을 지배한 기독교와 정면으로 충돌한 것이다.

그 결과는 불을 보듯 뻔했다. 기독교에 바탕을 둔 보수 집단에서는 강력하게 반발했으며, 새로운 시대에 걸맞은 세계관과 인간관을 갈망하던 젊은 지식인 집단에서는 드디어 '인간이라는 자연현상'을 설명해주는 자연법칙을 발견했다며 진화론을 격렬하게 환영했다. 그리고 이러한 반종교적·반기독교적, 생물학적 세계관과 인간관은 자연과학의 실제 연구 결과 및 발전과 무관하게 19세기 후반과 20세기 초반에 이르기까지 빠르게 확산되어갔다. 이와 함께 기독교가 세계관과 인간관, 가치체계의 중심으로서 기능을 상실하기 시작했으리라는 것은 쉽게 추측할 수 있다.

너무나도 유명해진 니체의 문장 "신은 죽었다"로 요약할 수 있는 19세기 중후반의 이러한 상황은, 곧 가치체계 중심의 부재로 이어졌다. 기독교가 내놓은 자리에 처음에는 자연과학 자체가, 부분적으로는 '절대적 아름다움'이라는 미적 가치가, 또 "삶" 혹은 "생"으로 일컬어지던 인간의 자연적 본질이 자리를 잡았으나, 어떤 것도 지속적으로 가치체계의 중심으로서 역할을 하지는 못했다.

　그 결과 헤세가 유년기와 젊은 시절을 보낸 19세기 말과 20세기 초에는 전통적인 인간관과 세계관, 가치체계가 붕괴되었지만, 아직 새로운 인간관과 세계관, 가치체계가 자리를 잡지 못한 혼돈 상태가 이어졌다. 개인의 삶으로 비유하자면 교육을 통해 배운 부모세대의 가치관과 세계관을 이유 없이 거부하지만, 아직 이를 대체할 새로운 가치관과 세계관을 갖추지 못한 현대 유럽 문명의 '사춘기'와도 같은 시기가 바로 유럽의 세기전환기였던 것이다.

나의 방황과 괴로움을
앞서 살아간 사람

싱클레어의 성장이 의미하는 것

헤세가 보낸 전환기적 유럽의 시대적 상황은 『데미안』에 고스란히 반영되어 있다. 『데미안』은 지나간 시대와의 완전한 종결이자 현대적 세계질서의 고통스러운 탄생을 의미했던 1차 세계대전 중에 집필되었고, 1919년에 발표되었다. 말하자면 『데미안』은 가치 중심의 진공 상태가 극복되어야만 했던 시점에, 새로운 세계의 탄생이 임박했던 시점에 발표된 소설이다.

이 소설의 주인공 싱클레어는 어린 시절에 데미안으로부터 선과 악, 고상한 세계와 저급한 세계, 종교적 세계와

세속적 세계로 구분되는 전통적인 세계질서를 극복하라는 가르침을 받는다. 청소년기에는 끓어오르는 본능적, 자연적 욕망에 이끌려 방황하다 그 끝에서 다시 데미안, 또 내면 속의 진정한 자기 자신과 만나게 된다. 한때 신학자였던 피스토리우스와의 교류를 통해 선과 악, 즉 그 무엇도 배제하지 않은 인간의 온전한 본질을 한 몸에 담고 있는 신 아브락사스에 대해 알게 되고, 그 온전한 인간이 모든 개인의 내면에 숨 쉬고 있음을 깨닫게 된다.

그리고 궁극적으로는 데미안 어머니인 에바, 즉 태초의 여인이자 모든 인간의 어머니인 이브('에바'는 영어 '이브'의 독일어식 이름이다)와의 만남을 통해 그 누구의 도움 없이도 내면의 목소리를 듣고, 내면으로의 길을 떠날 수 있을 만큼 성장하게 된다.

이와 같은 싱클레어의 성장은 선과 악의 구분, 윤리, 종교, 관습에 따라 규정되는 전통적인 가치체계에서 벗어나 '나'의 내면에 존재하는 무언가를 삶의 기준으로 삼으라는 메시지를 전달하고 있다. 이런 점에서 『데미안』은 전통적인 기독교적 세계관을 극복하고 새로운 인간관과 세계관, 새로운 가치체계를 만들어나가야만 했던 당대의 시대적 상황에 대한 충실한 대답인 것처럼 보인다.

그렇다면 소설 속에서 반복해서 등장하는 '모든 인간의 내면에 존재하는 인간의 온전한 본질'이란, '내면의 목소리'란, '내면으로의 길'이란 구체적으로 무엇을 의미할까? 싱클레어는 소설 도입부에서 이렇게 말한다.

내 스스로의 안에서 밖으로 나오려 하는 것, 오로지 그것만을 살아보려 했다. 왜 그것이 그렇게 어려웠을까?

이 구절을 읽으며 우리는 벌써 마음이 울컥해지는 것을 느낀다. 이루고 싶은 꿈이 있으나 현실적인 여건이 허락하지 않아 꿈을 향해 나아갈 수 없는 젊은이든, 어린 시절의 꿈을 잊고 살았다는 서글픈 사실을 새삼스럽게 깨달은 중년이든 이 구절을 쉽게 넘어설 수 있는 행복한 사람은 많지 않을 것이다. 그런데 "내 스스로의 안에서 밖으로 나오려 하는 것"이 바로 그런 꿈을, 현실적인 문제로 인해 우리 내면 깊은 곳으로 숨어버린 순수한 소망을 의미할까? "내면"에 대한 『데미안』의 다른 구절들을 살펴보면 그런 것 같지는 않다.

주어진 단서를 통해 해석하는 즐거움

헤세는 소설 곳곳에서 내면에 대해 언급하고 있다. 그러한 언급들은 구체적이거나 체계적이지는 않지만, 대체로 한 방향을 가리키고 있다. 우리 "내면"은 때로는 내 안에 살고 있는 "원초적 충동"으로, 때로는 "내 피가 나의 안에서 소리 내는 그 가르침"으로 묘사된다. 또, 내면을 들여다보고 있는 데미안의 모습은 "태고의, 동물 같고, 돌 같으며, 아름답고 차가운, 죽었지만 비밀스럽게 전대미문의 생명으로 가득한" 것으로 묘사되기도 한다. 내면, 혹은 내면의 목소리와 관련된 것들은 『데미안』에서 자연적인 것, 원초적인 것, 무시간적이거나 영원한 것, 혹은 자연적 생명력으로 가득한 것으로 묘사되고 있는 것이다. 이는 헤세에게서 인간 내면에 자리 잡은 우리의 본질이 우리 의식 너머에 존재하는, 시간을 초월한 자연적 본질을 의미한다는 것을 알려준다.

이는 앞서 살펴본 19세기 후반의 상황을 생각해보면 그리 놀라운 일이 아니다. 기독교적 세계관과 인간관이 붕괴되면서, 인간을 자연현상으로 이해하고자 했던 당대의 관점에서 우리 내면으로부터 '자연적 본질'을 찾는 것은 새로운 것이라 할 수 없다. 그러나 내면의 목소리를 따른다는 것, 자연적 본질을 삶의 기준으로 삼는다는 것은 또 무슨 뜻일까?

헤세는 이에 대해 구체적으로 설명하고 있지는 않다. 그저 싱클레어와 데미안의 말과 생각을 통하여 '문학적'으로 묘사하고 있을 뿐이다. 따라서 독자는 소설에 주어진 단서들과 작품 외적 정보들을 활용하여 헤세가 말하고자 하는 바를 '해석'하는 수밖에 없다. 이러한 해석은 예를 들어 다음 문장들로부터 시작해볼 수 있다.

> (…) 내 책상 위에는 니체의 책 몇 권이 놓여 있었다. 나는 니체와 함께 살았다. 그의 영혼의 고독을 느꼈고, 그를 쉼 없이 몰아친 운명의 냄새를 맡았으며, 그와 함께 괴로워했다. 그리고 그토록 가차 없이 자신의 길을 갔던 사람이 있었다는 것에 행복해했다.

베아트리체에 대한 사랑으로 괴로워하고 방황하던 싱클레어는 아무런 맥락 없이 갑작스럽게 니체를 언급한다. 이러한 언급은 니체 외에는 다른 실재하는 인물의 이름이 이 작품 속에 거의 등장하지 않기 때문에 더 눈에 띈다. 이는 싱클레어의 내적 성장에서, 즉 싱클레어가 내면으로의 길을 찾아가는 데 있어서 니체가 특별한 의미를 가지고 있다는 사실을 암시한다.

헤세와 니체, 쇼펜하우어를 관통하는 철학

흔히 19세기 말, 20세기 초의 '생철학'을 대표하는 철학자로 일컬어지는 니체의 철학은 아르투어 쇼펜하우어Arthur Schopenhauer의 세계관으로부터 출발한다. 쇼펜하우어는 인간의 삶을 고통으로 이해했다. 인간의 삶은 욕망으로 가득 차 있지만, 이 욕망은 결코 영속적으로 충족될 수 없기 때문에 인간은 끊임없이 고통 속에 살아갈 수밖에 없다는 것이다. 그런데 이 욕망은 인간 개개인에게서 생겨난 것이 아니다.

인간 개체는 세계의 근원적 의지, 즉 세계의 근원을 이루는 거대한 욕망이 그 실현 과정에서 개별화된 존재로 분화된 것이며, 따라서 우리를 지배하는 욕망 역시 세계의지의 개별화된 발현에 불과한 것이다. 이러한 세계관 속에서 인간 개개인은 더 이상 독립적인 존재가 아니라 세계라는 거대한 바다에 일렁이는 하나의 파도일 뿐이다. 모든 인간은 개체이면서 동시에 세계 전체와 뗄 수 없이 연결된 존재다.

쇼펜하우어에게서 고통을 완전하게 극복할 수 있는 방법은 없다. 단지 우리가 세계의지의 개별화된 존재이며, 따라서 우리를 고통으로 몰아가는 욕망 역시 궁극적인 극복이 불가능하다는 사실을 깨달음으로써, 개인적 차원에서 벗어나 세계와 사물에 대한 순수한 직관에 도달함으로써 삶의 고통을 초월할 수는 있다.

쇼펜하우어는 또한 예술의 체험을 통해서도 비록 일시적이긴 하지만 이 고통을 잠시나마 극복할 수 있다고 주장했다. 건축, 조각, 회화, 문학, 음악은 각자 나름의 방식으로 세계의 유일한 근본적 존재이자 세계를 이루는 현상의 근본적 내용이 의지라는 사실을 인식할 수 있도록 해준다. 이로써 예술이 삶의 고통으로부터 우리를 해방시켜줄 수 있다는 것이다.

니체의 첫 번째 주요 저작인 『비극의 탄생Die Geburt der Tragödie』(1872)은 바로 이 지점, 즉 예술을 통한 삶의 극복 가능성으로부터 시작한다. 니체에 따르면 고대 그리스 사람들은 삶이 고통이라는 것을 잘 알고 있었다. 신들의 세계인 올림푸스 산은 삶의 고통을 잊기 위한 대체 세계였으며, 디오니소스 제전은 고통을 극복하기 위한 제의였다. 포도주와 도취의 신 디오니소스를 기리는 제전에서 그리스인들은 개별화로 인해 만들어진 개인과 개인 사이의 경계를 극복하고 몰아 상태에서 다시 원초적 자연과 하나가 되고, 이를 통해 삶의 고통으로부터 벗어날 수 있었다. 니체에 따르면 고대 그리스 비극은 이러한 디오니소스 제전이 아폴론적 예술 형식과 합쳐져 만들어진, 삶의 고통을 극복할 수 있도록 해주는 이상적인 예술 형태였다.

세계 원리에 대한 자각이나 예술을 통한 삶의 극복이라는 쇼펜하우어와 니체의 생각은 『데미안』에서는 찾아볼 수 없다. 그러나 인간 개개인이 세계, 혹은 총체로서의 자연이 개별화된 존재이며, 개별화된 상태를 벗어나 다시 자연으로 돌아갈 때 삶의 고통을 극복할 수 있다는 기본적인 발상은 『데미안』에 나타난 헤세의 인간관과 일맥상통한다. 인간은 개별화된 존재이지만 근본적으로는 자연의 일부이며, 총체로서의 세계와 연결되어 있는 존재라는 것, 혹은 우리가 '나'로 인식하는 개인으로서의 인간은 작고 힘없는 존재이지만, 자연적 존재로서 내면 깊은 곳에 세계 전체를 가지고 있는 일종의 마이크로 코스모스라는 생각은 헤세와 니체, 쇼펜하우어를 하나로 엮어준다.

영원한 방랑자를 위한 데미안의 위로

데미안이 듣고 있고, 싱클레어가 듣고자 하는 "내면의 목소리"란 바로 이 총체로서의 세계의 목소리, 자연의 목소리다. 그리고 그들이 가고자 하는 "내면으로의 길"이란 바로 개별적인 존재로서의 '나'를 극복하고, 선과 악의 구분도, 윤리도, 문명도 존재하지 않는 본질적인 자연으로 돌아가는 길이다. 그리고 이제 데미안은 다음과 같이 이야기한다.

하지만 우리는 세계의 총체로 이루어져 있어. 우리 하나하나가 말이야. 그리고 우리의 육체가 물고기에 이르기까지, 그리고 훨씬 더 이전까지의 진화의 계보를 우리 안에 지니고 있는 것과 마찬가지로, 우리는 우리의 영혼 속에 일찍이 인간의 영혼들 속에 살았던 모든 것들을 다 가지고 있어.

우리 내면에 존재하는 것은 단순한 자연적 본질이 아니라, 모든 생명이 시작된 태초로부터 지금 이 순간에 이르기까지 인류가 이뤄낸 생물학적 진화와, 그와 함께 이뤄진 정신적 활동 모두를 아우르는 세계의 총체다. 우리 안에 세계가 있고, 그래서 우리가 모두가 소중하다.

그러나 이 모든 본질적인 것들은 우선은 의식 너머에 존재하기 때문에, 우리가 아무런 노력 없이 그것을 인식할 수는 없다. 내면으로 시선을 돌리고, 내면의 목소리에 온전히 귀를 기울일 수 있을 때, 우리는 마침내 우리 안에 존재하는 시간을 초월한 세계의 총체를, "모든 것을 알고, 모든 것을 하고자 하고, 모든 것을 우리들 자신보다 더 잘해내는 어떤 사람"을, "우리들 안에서 그리고 자연 안에서 활동하는 (…) 불가분의 신성"을 느낄 수 있는 것이다.

그러므로 우리는 철학이나 종교, 윤리나 관습과 같은 외부 가르침이나 명령에 따르는 것이 아니라 내면의 목소리에 따를 때에만 올바른 삶을 살아갈 수 있다. "자기 자신으로부터 떠나는 것은 죄악"이며, "거북이처럼 자기 자신 안으로 기어들어"가는 것만이 올바른 삶이 될 수 있는 것은 바로 그 때문이다. 각성한 인간에게 주어진 의무는 오로지 한 가지, 바로 "자기 자신을 찾고, 자신 속에서 확고해지는 것, 자신의 길을 앞으로 더듬어 나가는 것"밖에는 없는 것이다.

이러한 데미안의 가르침은 전통적인 종교적 세계관과

인간관, 가치체계가 힘을 잃은 시대에, 모든 것이 불확실하고 불분명해진 외부가 아니라 우리 자신의 내면 안에서 가치체계의 중심을 찾으려는 노력으로 볼 수 있다. 또한 우리 내면에 존재하는 것이 바로 총체로서의 세계, 또 인간 본질로서의 자연이라는 사실은 헤세가 인간을 자연현상으로 이해하고자 했던 당대의 새로운 인간관에 적극적으로 반응하고 있었다는 것을 잘 보여준다.

"당신 안에 세계가 있다"

이렇게 시대적 맥락에서 출발하여 『데미안』을 읽으면, 우리는 헤세가 의도한 바를 최소한 큰 틀에서는 대체로 정확하게 이해할 수 있다. 그리고 여기까지 이해하고 나면 마침내 진실의 시간이 찾아온다.

우리는 아무런 선행지식 없이 『데미안』을 읽고도 커다란 감동과 위안을 얻었다. 이때 우리는 『데미안』을 올바로 이해했던 것일까? 중학교 2학년의 내가, 당시 독일에 대해, 또 헤세에 대해 아무런 지식도 가지고 있지 못했던 어린 독자가 과연 이러한 헤세의 의도를 올바로 이해하고, 감동하고, 인생의 진로를 결정했던 것일까?

당연히 아니다. 나는『데미안』을 완전히 잘못 이해했고, 자의적인 해석과 오해를 바탕으로 내 멋대로 감동했다. 어쩌면 독일문학을 공부하는 동안 헤세를 오랫동안 피해왔던 것은 올바른 일이었을지도 모른다. 과거의 좋은 추억은 그대로 추억으로 남겨두는 것이 좋았을지도 모르겠다. 하지만 그렇다고 우리 나름대로『데미안』을 읽고 해석하며 느꼈던 감동이 가치가 없는 것일까? 나는 오해를 바탕으로 한 나의 결정에 부끄러움을 느껴야 하는 것일까?

그렇지는 않은 것 같다. 희곡이든 소설이든 시든, 수십 년 전 혹은 수백 년 전에 쓰인 과거의 문학이, 혹은 문학적으로 표현된 인간과 세계, 삶에 대한 성찰이 오늘날까지 감동을 불러일으키는 것은 우리가 그 작품들과 공유하는 문제의식이 있기 때문이다.『데미안』은 구체적인 '내면'의 뜻과 무관하게, 삶의 의미와 자기 자신의 가치를 찾아 헤매는 모든 이들과 문제의식을 공유하고 있다. 우리가『데미안』을 읽고 감동하는 시기가 보통 사춘기이자 방황의 시기, 즉 모든 가치를 부정하거나 모종의 이유로 상실했음에도 이를 대체할 새로운 무언가를 아직 찾지 못한 시기인 것도 바로 이 때문이다.

이러한 문제에 직면해 있는 독자에게 자기 자신을 가치의 기준으로 세우라는 헤세의 메시지는 강렬한 인상을 남기고, 커다란 위안을 줄 수밖에 없다. 헤세가 살던 시대야말로 유럽 현대 문명의 사춘기에 해당하며, 이 시기를 헤치고 살아간 헤세의 삶의 의미를 찾기 위한 노력은 근본적으로 사춘기를 겪고 있는, 혹은 방황의 시기를 겪고 있는 모든 이들의 노력과 동일한 것이다. 따라서 설령 '내면'의 의미가 원래 헤세 의도대로 전달되지 못한다 하더라도, 그러한 헤세의 진심 어린 노력을 담고 있는 『데미안』은 앞으로도 수많은 청소년들과 수많은 방황하는 영혼들에게 감동과 위안을 줄 것이다.

나의 방황과 괴로움을 앞서 살아간 이가 있었고, 그가 나에게 다른 이가 아니라 나 자신을 믿으라, 다른 목소리가 아니라 내 내면의 목소리에 귀를 기울이라 이야기한다!

그리고 헤세는 자신의 작품이 그렇게, 말하자면 오해된다는 사실을 알게 된다 하더라도, 데미안이 싱클레어에게 그랬던 것처럼 너그러운 미소를 지으며 아마도 이렇게 말할지 모른다.

그렇게 당신 자신을 아끼고, 당신 자신의 진정한 내면의 목소리에 계속 귀를 기울이세요. 당신 안에 세계가 있으며, 그런 당신은 그 무엇과도 바꿀 수 없을 만큼 소중한 존재예요. 우리는 모두가 서로 다른 위치에 서서 서로 다른 곳을 바라보고 있지만, 우리 내면의 진정한 목소리를 따르는 한, 올바른 길을 찾고자 하는 한, 결국 모두 같은 길을 가고 있어요.

『데미안』을 읽는 동안 우리는 모두 이렇게, 비록 한순간일 뿐일지라도, 우리 내면에 무한한 가능성이 있음을, 우리가 유일무이한 소중한 존재이며, 동시에 세상의 중심임을 느낀다. 바로 그것이 『데미안』을 통해 헤세가 보여준, 진정으로 인간적인 '인간'의 모습이 아니겠는가. 우리가 얼마나 오해를 했든 『데미안』이 우리에게 남겨준 감동과 위안은 언제나 옳다.

서구문학 중에서도 독일문학만이 갖는
특징이 있다면?

일반적으로 독일문학은 줄거리가 재미있기보
다 사색적이고 철학적인 것으로 알려져 있다. 주
요 작가들을 놓고 보면 이러한 평가가 딱히 잘못
된 것이라고 말하기도 어렵지만, 다른 나라의 문
학과 마찬가지로 독일문학도 수백 년의 역사 동
안 무수히 많은 다양한 작가들을 배출한 만큼, 모
든 시대, 모든 작가들을 아우르는 특징을 찾는 것
은 어려운 일이다. 특히 서구 여러 나라의 문학은

현대에 이르기까지 서로 밀접하게 영향을 주고받으면서 발전했기 때문에, 특정 국가의 문학만이 갖는 특징을 단정적으로 이야기하는 것은 더더욱 쉽지 않은 일이다.

헤세가 『데미안』을 '싱클레어'라는 가명으로 발표한 이유는 무엇인가?

실재하는 인물을 서술자로 등장시킴으로써 허구의 이야기를 보다 그럴듯해 보이도록 만드는 것은 어느 나라의 문학에서든 오랜 전통을 가진 서술 전략이다. 우리가 친구들에게 무서운 이야기를 해줄 때, 다른 사람이 아닌 자기가 직접 겪었던 일인 양 꾸며 말하면 더 큰 효과가 있다는 것을 생각해보면 이해하기가 쉬울지 모르겠다. 헤세 역시 등장인물인 싱클레어를 자기 대신 작가로 내세움으로써 『데미안』의 이야기가 허구가 아닌 실제 이야기일 수 있다는 환상을 불러일으키고자 했다. 또한 헤세는 한 인터뷰에서 『데미안』
이 늙은 삼촌의 고리타분한 이야기로 받아들여지
는 것을 원치 않았기 때문에 싱클레어를 작가로
발표했다고 이야기한 적이 있다. 헤세는 당시 『수
레바퀴 아래서』 등을 통해 이미 이름이 많이 알려
진 작가였기 때문에, 『데미안』이 '헤세'라는 작가
에 대한 선입견 없이 읽히기를 바랐던 것이다.

독일문학에서 『데미안』과 같은 발전소
설/성장소설의 형식이 중요하게 자리
잡은 이유는?

운문으로 쓰인 시나 희곡에 비해 산문으로 쓰인
소설은 19세기에 이르기까지 존중받지 못하는 문
학 장르였다. 독일어권에서 소설에 대한 부정적
평가를 극복하고 소설을 정당한 문학 장르 중 하
나로 인정받도록 만든 사람은 괴테였다. 그는 『젊
은 베르터의 고통』, 그리고 특히 『빌헬름 마이스

터의 수업시대』를 통해 비록 산문으로 쓰였다 하더라도 소설이 얼마나 수준 높은 문학작품이 될 수 있는지를 당대의 독자들에게 보여주었다. 이후 『빌헬름 마이스터의 수업시대』는 소설의 전범으로 자리 잡았다. 이 과정에서 평범한 청년인 빌헬름 마이스터가 본인의 진심어린 노력과 주변 사람들의 도움을 통해 성숙한 인간으로 성장해나가는 줄거리 또한 독일 소설의 전형적인 이야기틀로 자리 잡게 되었다. 헤세의 『데미안』은 그러한 발전소설의 대표적인 예다.

2부 _____

단

한 문장도

허투루
쓰인 것은
없다

- 괴테 『젊은 베르터의 고통』

『젊은 베르터의 고통』에서 놀라운 것은 각각의 층위에 숨어 있는 이야기들이 서로 방해하거나 모순을 일으키지 않으며 하나의 조화로운 전체를 이루고 있다는 사실이다. 이 소설은 양파껍질을 벗기듯 한 꺼풀씩 벗겨가며 즐길 수도 있고, 전체를 하나의 이야기로 감상할 수도 있다.

이루지 못한 사랑으로
괴로웠던 모든 이에게

'슬픔'이 아닌 '고통'

요한 볼프강 폰 괴테의 『젊은 베르테르의 슬픔』은 『데미
안』 못지않게 우리에게 잘 알려진 독일 소설이다. 그런데
이 제목은 조금 잘못된 것이다.

1774년에 발표된 이 오래된 소설의 독일어 원제는 'Die
Leiden des jungen Werthers'이다. 그리고 이를 한글로 옮
기면 '젊은 베르터의 고통'이 된다. 우선 'Werther'라는 이
름은 실제 발음으로 봐도, 국립국어원의 외래어 표기법
"어말의 [r]와 '-er[ər]'는 '어'로 적는다"에 따르더라도 '베
르터'가 맞다. 또 'Leiden'은 '고통'을 뜻하니 원제의 올바른

번역은 '젊은 베르터의 고통'이 되는 것이다. 그런데 어쩌다가 이 소설의 제목이 '젊은 베르테르의 슬픔'으로 번역되었을까?

아마도 '베르테르'는 외래어 표기법이 만들어지기 전에 통용되던 일본식 표기 관습에 영향을 받은 것 같고, '슬픔'은 영어 번역("The Sorrows of Young Werther")을 따른 것 같다. 이 작품은 또 '젊은 베르테르의 번뇌', '젊은 베르테르의 고뇌' 등으로 번역되기도 했는데, 이는 일본어 번역("若きウェルテルの悩み")의 영향으로 보인다. 아직 국내에 독일어 번역자가 많지 않던 시절에 독일 작품이 영어와 일본어 번역을 거쳐 한국어로 옮겨지는 일이 있었다는 사실을 생각하면 이해가 가지 않는 것은 아니다.

하지만 어쨌든 '젊은 베르테르의 슬픔'이라는 제목은 일본식 표기와 영어 번역의 영향이 뒤섞인 혼란스러운 제목임에는 틀림없다. 다행히 '젊은 베르터의 고통'이라는 올바른 번역을 제목으로 가진 번역본들이 하나둘씩 나오고 있으니, 익숙하지만 잘못된 번역인 '젊은 베르테르의 슬픔'은 점점 사라지지 않을까 생각된다. 물론 '베르테르 신드롬'이라는 개념이나 괴테의 작품을 원작으로 하는 뮤지컬 및 오페라의 제목 '베르테르'까지 바뀌는 데에는 시간이 더 필요할 것 같기는 하다.

여전히 매력적인 250여 년 전 연애소설

잘못 번역된 제목이 이렇게 깊이 뿌리를 내리게 된 것은 이 소설이 그만큼 오랫동안 우리 독자들에게 사랑을 받아왔고, 그 제목이 그만큼 선명하게 그들 머릿속에 남았기 때문일 것이다. 나의 경우 대학교 1, 2학년 학생들을 대상으로 하는 몇몇 교양 수업에서 이 소설을 읽히고 있는데, 실제로 많은 학생들이 감상문에 "재미있다"고 적는다. 이는 꽤 놀라운 일인데, 『젊은 베르터의 고통』은 250여 년 전에, 우리 역사로 따져보면 조선의 21대 왕이자 사도세자의 아버지인 영조 재위 시절에 쓰인 '연애소설'이기 때문이다.

  TV드라마, 만화, 애니메이션, 영화 등을 통해 온갖 기괴한 '막장' 연애 이야기에 익숙해진 현대의 젊은 독자가 250여 년 전에 쓰인, 짝사랑의 괴로움에 결국 스스로 목숨을 끊는 한 남자의 이야기를 재미있게 느낀다는 것은 흥미로운 현상이다. 물론 여기에는 '250여 년 전에 쓰인 소설치고'라는 전제가 붙어 있을 것이다. 그만큼 커다란 기대

없이, 어쩌면 지루하고 고리타분할 것이라는 선입견을 가지고 읽기 시작했으니, '옛날 소설치고는 제법' 재미있다고 느낄 수도 있었을 것이다.

어찌되었든 이렇게 오래된 소설이 아직까지 젊은 독자들에게 재미를 주고, 심지어 뮤지컬로도 만들어져 활발하게 공연이 이뤄질 만큼 사랑을 받고 있다는 사실은, 이 작품에 다른 고전들과는 다른 어떤 매력이 있는 것이 아닌가 하는 생각을 하도록 해준다.

그런데 학생들의 감상문을 읽다 보면 저학년과 고학년 학생들 사이에 미묘한 차이가 있음을 눈치채게 된다. 저학년 학생들의 감상문에서는 "사랑 때문에 자살까지 하게 될까?"라는 의아함을 자주 접하게 되는 반면, "베르터의 절망과 죽음을 보며 깊은 연민을 느꼈다"와 같은 감상은 대체로 고학년의 감상문에서 발견할 수 있다.

정서적 혹은 감정적 경험으로 읽는 고전

앞서 우리는 작가와 작품, 시대에 대한 정보가 작품의 이해와 해석에 중요한 역할을 할 수 있음을 살펴보았다. 이러한 정보는 작가나 시대에 대한 지식이 될 수도 있지만, 때로는 정서적이거나 감정적인 경험이 되기도 한다. 다음 시를 읽어보자.

> 나는, 물론 알고 있다. 오직 운이 좋았던 탓에
> 그렇게 많은 친구들을 뒤로 하고 살아남았다는 것을
> 그런데 지난 밤 꿈속에서
> 그 친구들이 나에 대해 이야기하는 것을 들었다.
> "더 강한 사람들이 살아남는 거야."
> 그리고 나는 나 자신을 증오했다.

이것은 「살아남은 자의 슬픔」이라는 제목으로도 알려져 있는, 독일의 유명한 극작가 베르톨트 브레히트^{Bertolt Brecht}가 쓴 시 「나, 살아남은 자^{Ich, der Überlebende}」이다. 시 자체만 놓고 보면 도대체 무슨 이야기를 하고 있는 건가 싶지만, 이 시가 나치의 집권기(1933~1945)이자 2차 세계대전(1939~1945) 중에 쓰였다는 사실을 알게 되면 6행으로 이뤄진 이 짧은 시는 완전히 달리 보인다.

나치에 저항하여 싸우던 시적 자아는 어느 날 전투에서 운 좋게 홀로 살아남았다. 뜻을 같이한 동료들은 모두 목숨을 잃었다. 이 생존은 시적 자아에게 기뻐할 만한 일이었을까? 나라도 살아남았다는 사실을 동지들이 모두 기뻐할 것이라는 사실을 알고 있더라도, 과연 나는 혼자 살아남았다는 사실을 기뻐할 수 있을까? 살아남았기 때문에 오히려 처절한 절망을 느낄 수밖에 없는 이 이율배반적인 상황을 브레히트는 단 세 개의 짧은 문장만으로 잘 묘사해내고 있다.

여기까지는 이 시가 쓰인 시기와 당시 유럽의 시대적 상황에 대한 정보만 가지고 있다면 누구나 알 수 있는 내용이다. 그런데 유사한 상황을 직접 겪은 사람이 이 시를 읽는다면 어떤 감정을 느끼게 될까? 함께 시위에 나갔던 후배가 전투경찰에게 잡혀가서 집회시위법 위반 혐의로 1년형을 살게 되었다는 소식을 들은 사람이라면, 시위 도중 최루탄에 눈을 맞은 친구가 실명했다는 이야기를 들은 사람이라면, 또 어느 날 알 수 없는 곳으로 끌려간 선배가 차가운 시신이 되어 돌아온 것을 목격한 사람이라면 이 시를 어떻게 읽을까?

실제로 「살아남은 자의 슬픔」은 많은 젊은이들의 희생과 눈물을 발판 삼아 이뤄진 이 땅의 민주화 운동이 한창이던 80년대에 널리 읽혔고, 수많은 이들의 가슴에 뜨거운 눈물이 맺히도록 만들었다. 그들은 이 시를 읽으며 자신의 친구가, 선배와 후배가 다치고 죽어가는 사이에 자신은 무사히 살아남았다는 사실에 느꼈던 자괴감과 괴로움, 안타까움이 되살아남을 느끼며 흐르는 눈물을 주체할 수 없었다. 그리고 여전히 극복해야 할 부조리가 차고 넘치긴 하지만 어쨌든 곤봉과 방패, 최루탄과 싸우는 것이 더 이상 일상은 아닌, 오늘날의 평화로운 시대를 살아가고 있는 젊은 독자들은 80년대의 젊은이들이 브레히트의 시를 읽으며 느꼈을 그 감정을 똑같이 느끼기는 어려울 것이다.

인간의 보편적 감정을 건드리다

문학작품은 이처럼 독자의 경험 내용에 따라서도 전혀 다르게 이해될 수 있다. 『젊은 베르터의 고통』역시 마찬가지다. 『젊은 베르터의 고통』을 읽은 대학 고학년 학생들이 베르터의 절망과 괴로움에 보다 쉽게, 보다 깊이 공감하는 경향을 보이는 것은 그들이 저학년 학생들에 비해 짝사랑의 고통을 겪어봤을 가능성이 더 크기 때문이다. 『젊은 베르터의 고통』을 읽고 감동한 많은 사람들이 "나 역시 짝사랑을 경험해봤기 때문에"라고 감동의 이유를 대는 것은 바로 그 '경험' 때문이다.

그렇다면 이 작품을 쓴 괴테는 어떠했을까? 그는 단순히 꾸며낸 이야기만 가지고도 짝사랑의 괴로움을 겪은 많은 이들의 마음을 뒤흔들어놓을 수 있을 만큼 뛰어난 이야기꾼이었던 것일까? 물론 괴테가 뛰어난 이야기꾼이었던 것은 분명하지만, 『젊은 베르터의 고통』이 시대를 뛰어넘는 훌륭한 소설로 남은 것은 연애소설로서 그 줄거리가 흥미진진하기 때문만은 아닌 것 같다. 괴테의 작품이 오늘날에 이르기까지 전 세계의 수많은 독자들을 감동시킬 수 있었던 것은 무엇보다도 베르터의 이야기가 괴테 자신의 경험에서 비롯된, 진정성을 가진 것이었기 때문이다.

이러한 진정성은 이룰 수 없는 사랑으로 인한 괴로움에 한 번이라도 휩싸여본 적이 있는 모든 시대, 모든 나라 독자들의 경험과 공명하여 그들의 마음속에 커다란 울림을 만들어낸다. 1774년에 쓰인 『젊은 베르터의 고통』이 21세기에도 여전히 명작으로 꼽히고, 많은 독자들의 사랑을 받는 것은 이 비극적인 사랑 이야기가 '짝사랑'이라는 인간의 보편적인 감정을 진정성 있게 다루고 있기 때문이다.

그러나 괴테가 20대 중반에 쓴 이 소설이 오늘날까지 명작으로 일컬어지는 것은 그것 때문만은 아니다. 짝사랑의 감정을 아무리 진정성 있게 잘 묘사했다 하더라도, 그것만으로 이 소설이 '18세기 최대의 미디어 스캔들'로 불릴 만큼 전 유럽에서 폭발적인 반응을 불러일으킬 수는 없었을 것이다. 당대의 젊은이들이 이 고민 많은 청년을 자신들의 이상적인 대변인으로 기렸던 것도, 후세 사람들이 이 작품을 당대를 대표하는 소설로 평가하는 것도 『젊은 베르터의 고통』이 좋은 연애소설이기 때문만은 아니다.

『데미안』과 마찬가지로 이 작품의 줄거리 이면에는 이 소설을 비극적인 짝사랑 이야기 이상으로 만들어주는 무언가가 숨어 있다. 이제부터 그것을 찾아보도록 하자.

독일문학은 괴테
이전과 이후로 나뉜다

괴테의 또 다른 이름, 독일 고전주의

독일 사람들에게 괴테는 매우 각별한 인물이다. 이는 세계 곳곳에서 독일어와 독일의 문화를 알림으로써 독일 문화 외교의 핵심적 역할을 하는 독일문화원이 '괴테-인스티튜트'라는 이름을 가지고 있다는 사실에서, 또 독일에 괴테의 이름을 가진 초·중·고등학교가 50여 개에 이른다는 사실에서 이미 잘 알 수 있다. 그러나 독일에서 괴테의 위상을 가장 잘 보여주는 것은 바로 괴테가 활동했던 시기를 흔히 '고전주의' 시대라고 부른다는 사실이다.

독일어로 Klassik, 영어로는 classic인 '고전'은 classicus

젊은 시절의 요한 볼프강 폰 괴테(1749~1832) 초상이 인쇄된 엽서

라는 라틴어에서 온 형용사로, 원래 '상류층의'라는 뜻을 가지고 있다가, '최고 수준에 속하는, 모범적인'으로 의미가 확장된 것이다. 이 단어는 이후 유럽 문명의 출발점이자 전범인 고대 그리스의 예술을 뜻하는 개념으로 사용되었으며, 근대에 와서는 고대 그리스의 예술을 전범으로 삼는 최고의 예술이 꽃을 피웠던 시기를 지칭하는 예술사조의 명칭으로도 사용되었다.

예를 들어 프랑스 문학에서 고전주의 혹은 신고전주의는 프랑스의 3대 극작가로 일컬어지는 피에르 코르네유Pierre Corneille, 몰리에르Moliere, 장 라신Jean-Baptiste Racine이 활동했던 시기를 뜻한다. 이 시기는 아리스토텔레스가 『시학』에서 정리한 비극의 형식이 철저하게 지켜졌다는 점에서도 고전적이지만, 코르네유의 『르 시드Le Cid』, 몰리에르의 『타르튀프Le Tartuffe』와 『수전노L'Avare』, 라신의 『페드르Phèdre』 등 오늘날까지도 활발하게 공연되는 뛰어난 작품들이 쏟아져 나온 프랑스 희곡 문학의 황금기였다는 점에서도 고전적이라 불릴 만했다.

이처럼 예술에서 고전주의가 일반적으로 뛰어난 예술가들이 다수 등장하여 훌륭한 작품들을 양산한 예술의 황금기를 뜻하는 반면, 독일문학에서 고전주의는 절대적으로 괴테에 의해 규정되는 시대였다. 물론 괴테의 절친이기도 했던 프리드리히 실러Friedrich Schiller 역시 독일 고전주의 문학의 또 다른 축을 이루기는 하지만, 당대의 명성, 이후의 영향력을 고려할 때 독일 고전주의 문학은 시인 하인리히 하이네가 지적한 것처럼 "괴테의 시대"였다.

『타우리스 섬의 이피게니에Iphigenie auf Tauris』(1779), 『빌헬름 마이스터의 수업시대』,『파우스트』(1797/1832),『친화력 Die Wahlverwandtschaften』(1809) 등『젊은 베르터의 고통』이후에 발표된 괴테의 주옥같은 작품들을 보면 그가 '고전주의'라는 커다란 개념을 홀로 떠안을 수 있을 만큼 뛰어난 작가였다는 사실에는 이론의 여지가 없을 것 같다. 그러나 독일 문화에서 괴테가 갖는 위상이 그토록 높은 것은 단순히 그가 뛰어난 작품들을 남겼다는 사실에서만 기인하는 것이 아니다.

전 유럽의 자랑이 된 괴테의 등장

확실히 독일문학은 괴테 이전과 이후로 나뉜다. 물론 괴테 이전에도 독일에 여러 뛰어난 작가가 있었지만, 문학사적인 의미 때문이 아니라 작품 자체의 뛰어난 완성도 때문에 오늘날까지 살아남은 작가는 많지 않다. 계몽주의 작가이 자 문학 및 연극 이론가였던 고트홀트 에프라임 레싱Gotthold Ephraim Lessing을 제외하면 괴테 이전에 세계 문학사에 이름을 남긴 독일 작가는 없다고 봐도 무방하다.

이처럼 다른 유럽 국가들에 비해 문학적 발전이 뒤처진 상황에 등장한 괴테는 이른 나이에『젊은 베르터의 고통』 을 통해 전 유럽의 스타 작가로 떠오르고, 뒤이어 유럽을 대표하는 작가이자 지식인으로서 독일문학의 위상을 순식 간에 다른 유럽 국가들 수준으로 끌어올렸다. 괴테는 독일 문학의 본격적인 발전을 알리는 첫 번째 전령이었지만, 동 시에 첫 번째 전성기를 이끌기도 했던 것이다.

괴테의 풀 네임은 요한 볼프강 폰 괴테다. 중간 이름과 성 사이에 있는 '폰von'은 '~의'라는 뜻으로 영어의 'of'와 비 슷한 의미를 가지고 있다. 성 앞에 '폰'이 붙어 있다는 것은 '어떤 집안의 누구'라는 의미로, 이름의 주인이 귀족이라 는 사실을 보여준다. 그래서 일반적으로 성으로 사람을 지 칭할 때는 '폰'을 함께 붙여 그의 신분을 밝혀준다. 예컨대 오토 폰 비스마르크라면 당시에는 '헤어Herr = Mr. 폰 비스마르크'라고 불렸을 것이다. 그러나 괴테는 귀족 집안 출신은 아니었다. 귀족 작위는 괴테가 바이마르 궁정에서 활발하게 활동하던 시기인 1782년에 받은 것이며, 그는 원래 프랑크푸르트의 부유한 시민 가정 출신이었다.

괴테의 아버지인 요한 카스파르 괴테는 라이프치히 대학에서 법학박사 학위를 받았고, 아버지에게서 물려받은 호텔을 운영하며 왕립 자문위원회에 속해 있던 상류 시민 계급이었다. 어머니인 카타리나 엘리자베트 괴테 역시 부유하고 존경받는 고위법관 집안 출신이었다. 유복한 가정환경 덕에 괴테는 어려서부터 다양한 교육을 누릴 수 있었다. 프랑스어, 이탈리아어, 영어를 각 언어의 모국어 선생님들로부터 배웠을 뿐만 아니라, 실생활에서 그다지 쓰일 일이 없는 교양언어인 라틴어, 그리스어, 히브리어까지 습득했다. 또한 자연과학, 미술, 음악, 승마 등을 가정교사에게 배웠다.

1765년 가을에 괴테는 아버지 뜻에 따라 라이프치히 대학의 법학과에 진학했다. 그러나 얼마 지나지 않아 병 때문에 학업을 중단했으며, 1770년 4월에 가서야 슈트라스부르크에서 다시 학업을 시작할 수 있었다. 학업을 마친 후 프랑크푸르트로 돌아온 괴테는 작은 변호사 사무소를 열었지만, 변호사로서의 일보다는 창작에 더 큰 관심을 기울였다. 그 결과로 나온 괴테의 첫 작품은 파격적인 형식의 희곡『괴츠 폰 베를리힝겐Götz von Berlichingen』(1773)이었다. 그리고 이 작품은 작가로서 괴테의 이름을 곧장 세상에 알렸다. 첫 작품으로서는 큰 성공이었다. 그러나 이는 이후에 벌어질 일의 예고편에 불과했다. 1년 뒤에 발표된『젊은 베르터의 고통』은 괴테를 독일뿐 아니라 전 유럽에서 가장 사랑받는 작가 중 한 명으로 만들어주었던 것이다.

이렇게 젊은 나이에 큰 명성을 얻은 괴테는 이듬해에 바이마르로 이주했다. 당시 18세였던 작센-바이마르-아이제나흐 공국의 왕 카를 아우구스트가 그를 초청했기 때문이었다. 당시 그가 진심으로 사랑했던 여인 릴리 셰네만과의 약혼이 여러 가지 이유로 파국으로 끝난 상황에서 새로운 안식처를 찾고 있던 괴테는 이 제안을 받아들였다. 그리고 이것이 바로 독일문학의 첫 번째 전성기라 할 수 있는 '바이마르 고전주의'의 시작이었다.

"내 존재의 절반" 괴테와 실러의 우정

1775년 12월, 스물여섯의 나이로 바이마르를 향해 떠난 괴테는 그곳에서 왕의 친구이자 정치가로 1832년에 사망할 때까지 60여 년을 살았다. 당시 바이마르는 작센-바이마르-아이제나흐 공국의 수도로서 6000명의 인구를 가진 작은 도시였다. 참고로, 프로이센 공국의 수도였던 베를린의 인구는 1775년 기준 약 13만 6000명이었다. 이곳에서 괴테는 1780년대 중반에 이르기까지 작가이기보다는 주로 행정가로서 활동했다.

카를 아우구스트 왕은 삼촌이었던 프로이센의 프리드리히 2세가 계몽주의자 볼테르를 옆에 두고 있었던 것처럼 자신도 뛰어난 지식인을 옆에 두고자 했으며, 괴테는 바이마르에 도착한 이후 곧 왕의 무한한 신뢰를 얻었다. 그는 카를 아우구스트의 전폭적인 지원하에 바이마르에 정착하여 왕의 고문관이자 장관으로 오랜 기간 왕의 곁을 지켰다. 그러나 정치와 행정에 집중하는 만큼 문학 창작은 뒷전으로 밀려날 수밖에 없었다. 1775년부터 10여 년 동안 괴테는 『파우스트』, 『에그몬트Egmont』, 『빌헬름 마이스터의 수업 시대』 등의 미완성 원고만을 썼을 뿐 거의 아무런 작품도 발표하지 못했다.

이러한 비생산성에 대한 자각과 격무에 지친 괴테는 급기야 1786년에 갑작스럽게 이탈리아로 떠나버렸다. 괴테는 직무 와중에 이탈리아로 여행을 떠날 수 있으려면 자신의 계획을 아무에게도 알려서는 안 된다고 판단했다. 그는 심지어 당시 연인이자 정신적 동반자였던 페터 폰 슈타인 부인에게조차 여행에 대해 함구했으며, 왕에게도 출발 전날에야 특별 휴가를 허락해줄 것을 부탁했다.

3년 가까이 지속된 이탈리아에서의 체류는 괴테에게 새로운 예술적 기운을 불어넣어주었다. 베로나, 빈센차와 베니스를 거쳐 로마에 도착한 괴테는 그곳에서 독일 예술가들과 교류하며 고대 그리스 예술 및 이를 계승한 로마의 예술을 체험했으며, 이를 바탕으로 자신의 고전주의 예술관을 정립했다. 그는 또한 예술 창작에도 열정을 보였다. 산문으로 쓰였던 『타우리스 섬의 이피게니에』 운문판, 『에그몬트』, 『타쏘Tasso』가 이 시기에 완성되었으며, 그 밖에도 850여 장의 그림(스케치)을 남겼다. 이탈리아 여행의 체험을 담은 기행문 『이탈리아 기행Italienische Reise』은 1816/17년에 발표되었다.

이탈리아에서 돌아온 괴테는 모든 공직을 내려놓았다. 그러나 궁정극장 및 공국 소유의 예나 대학 운영과 같은 문화, 학문 영역의 역할은 그대로 이어갔다. 예나 대학에서 요한 고트리프 피히테, 프리드리히 빌헬름 헤겔, 프리드리히 빌헬름 요제프 셸링과 같은 뛰어난 철학자들이 강의를 한 데에는 괴테의 역할이 컸다. 그리고 또 한 명, 역시 괴테의 초빙으로 1789년에 예나 대학의 역사학 교수로 온 인물이 있었으니, 그는 바로 괴테와 함께 바이마르 고전주의의 전성기를 이끈 실러였다.

괴테와 실러는 1788년 가을에 처음 만났지만, 둘 모두 그전부터 서로에 대해 잘 알고 있었다. 당시 괴테는 이미 전 유럽적인 명성을 얻은 작가였고, 실러 역시 흔히 『군도群盜』로 알려져 있는 『도적들Die Räuber』(1781), 『간계와 사랑Kabale und Liebe』(1784) 등의 희곡으로 명성을 얻은 젊은 극작가이자 시인이었다.

괴테는 자신보다 열 살이나 어린 이 작가의 첫 작품인 『도적들』에 대해 그 과격한 내용 때문에 부정적인 평가를 내렸지만, 이탈리아 여행에서 돌아온 후 실러의 시들과 역사에 관한 글들을 높게 평가했다. 그러나 두 사람이 튀링겐의 루돌프슈타트에서 처음으로 만난 뒤에도 별다른 밀접한 관계는 생겨나지 않았다. 세계 문학사에서 가장 생산적인 우정으로 기록된 괴테와 실러의 우정은 예나에서 역사 교수로 재직 중이던 실러가 1794년에 자신이 계획하고 있던 문화예술 잡지 《호렌Die Horen》의 발행에 참여해달라고 괴테에게 부탁하면서 시작되었다. 괴테는 곧 예나를 방문했고, 뒤이어 실러가 바이마르를 방문하여 서로의 문학적 이상에 대해 의견을 나누었다.

이후에도 두 사람은 예나와 바이마르를 방문하며 급격히 가까워졌고, 서로에 대한 깊은 이해를 바탕으로 문학적인 공동작업을 펼쳐나가기 시작했다. 실러의 잡지 《호렌》에는 괴테의 대표적 연작시 중 하나인 「로마의 비가Römische Elegien」가 발표되었고, 실러는 같은 잡지에 자신과 괴테의 서로 다른 문학적 경향을 시학의 본질적인 두 가지 유형으로 설명하는 에세이 「소박문학과 성찰문학에 대해서Über die naive und sentimentalische Dichtung」(1795/96)를 발표했다. 괴테는 실러의 희곡 『발렌슈타인Wallenstein』의 창작 과정에 커다란 영향을 끼쳤으며, 실러는 비평과 조언을 통해, 이후 독일식 발전소설/성장소설 형성에 결정적인 기여를 하는 괴테의 장편소설 『빌헬름 마이스터의 수업시대』 창작 과정에서 중요한 역할을 했다.

두 사람은 함께 2행의 풍자시 「크세니엔Die Xenien」(1797)을 창작하기도 했고, 실러가 발행하는 예술 잡지인 《무젠-알마나흐Musen-Almanach》에 함께 발라드, 즉 이야기가 있는 담시譚詩들을 발표하기도 했다. 이처럼 서로에게 긍정적인 영향을 끼치며 활발하게 창작을 이어가는 동안 괴테와 실러는 개인적으로 가장 생산적인 시기를 보냈을 뿐만 아니라, 바이마르 고전주의도 전성기를 맞이했다. 그러니 1799년에 아예 바이마르로 가족과 함께 이주해온 실러가 1805년에 결핵으로 인한 급성 폐렴으로 짧은 생을 마감했을 때 괴테가 어떤 심정이었을지는 쉽게 짐작할 수 있다. 괴테는 충격으로 실러의 장례식에도 참여하지 못했으며, 후에 실러의 죽음으로 "내 존재의 절반"이 사라져버렸다고 적었다. 이때 실러의 나이는 45세였다.

그러나 이후에도 괴테의 창작은 멈추지 않았다. 괴테는 1797년부터 쓰기 시작했던 『파우스트』 1부를 1808년에 완성했으며, 소설 『친화력』을 1809년에, 연작시집 『서동시집West-östlicher Divan』을 1819년에 발표했다. 또한 장편소설 『빌헬름 마이스터의 편력시대Wilhelm Meisters Wanderjahre』를 1807년에 쓰기 시작하여 1821년에 완성했으며, 1810년에는 근대 색채학의 선구자적 업적으로 여겨지는 자연과학 논문 『색채론Farbenlehre』을 발표했다. 괴테는 1832년 3월 22일에, 그가 50년 이상 삶과 예술의 터전으로 삼아왔던 바이마르에서, 아마도 심근경색으로 눈을 감았다. 그의 나이 82세 때의 일이었다.

파격적이고 내밀했던 괴테의 사랑

괴테는 뛰어난 지적 능력을 지닌 사람이었지만, 동시에 뛰어난 외모를 가진 남자이기도 했다. 괴테는 1779년에 바이마르 궁정으로부터 딸을 낳은 왕비 루이제 아말리에의 첫 성당 방문을 기념하는 연극 공연을 의뢰받았다. 이에 괴테는 고대 그리스의 희곡 작가 에우리피데스의 작품을 원작으로 하는 희곡 『타우리스 섬의 이피게니에』를 쓰고 궁정 귀족들과 함께 무대에 올렸는데, 이때 괴테는 직접 오레스트 역을 맡아서 연기를 했다. 그날 공연에서 괴테의 모습을 본 한 궁정 의사는 다음과 같은 기록을 남겼다.

지적인 아름다움과 외적인 아름다움이 이렇게 완벽하게 조화를 이룬 다른 사례를 나는 알지 못한다.

단 한 사람의 판단이지만, 어쨌든 이런 이야기를 들을 수 있는 남성이라면 많은 이들로부터 사랑을 받았으리라 쉽게 짐작할 수 있다. 그리고 이는 여성과의 관계에서도 마찬가지였던 것 같다. 실제로 괴테의 사랑 이야기는 그것만으로도 책 서너 권의 주제가 될 만큼 다채롭다. 그의 첫사랑은 슈트라스부르크에서 법학을 공부하던 시절 목사의 딸인 프리데리케 브리온으로 알려져 있다. 그러나 이 사랑은 괴테가 학업을 마치면서 끝나버리고 말았다. 괴테는 프랑크푸르트로 돌아온 후에야 프리데리케에게 편지를 보내 이별을 알렸다.

앞서 언급한 폰 슈타인 부인과의 관계 역시 잘 알려져 있다. 바이마르에 도착한 후 괴테는 일곱 아이의 엄마이자 일곱 살 연상인 샤를로테 폰 슈타인 부인과 내밀한 관계를 가졌다. 그녀는 괴테에게 낯선 궁정 생활에 대해 가르쳐주었으며, 깊은 정신적 유대를 바탕으로 그에게 교육자와도 같은 역할을 했다. 괴테는 그녀에게 1770여 통의 편지와 메모 등을 남겼으며, 수많은 시를 헌정했다. 그러나 그녀와의 관계도 프리데리케의 경우와 마찬가지로 갑작스럽게 끝나버리고 말았다.

앞서 이야기한 것처럼 괴테는 폰 슈타인 부인에게 그 어떤 이별의 암시도 없이 이탈리아로 떠나버렸다. 괴테가 바이마르로 돌아온 후에도 두 사람의 관계는 소원했고, 두 사람 모두 중년이 훌쩍 넘은 나이가 되어서야 우호적인 관계를 되찾았지만, 이전의 연인 관계는 끝내 회복하지 못했다.

이탈리아 여행 중에 보다 감정적이고 육체적인 사랑을 경험한 괴테는 다시 바이마르로 돌아온 후에야 비로소 인생의 동반자를 만난다. 그녀는 놀랍게도 청소부였던 23세의 크리스티아네 불피우스였다. 비록 시민계급이지만 매우 부유한 집안 출신이며, 궁정에서 왕과 친구처럼 지내던 괴테의 사회적 신분을 생각하면 너무나 파격적인 관계였다. 그러나 파격은 여기서 그치지 않았다. 괴테는 크리스티아네와 함께 살면서도 오랫동안 결혼을 하지 않았다. 이는 1789년 12월 두 사람 사이에 아들이 태어난 후에도 마찬가지였다. 괴테와 크리스티아네가 공식적으로 부부가 된 것은 크리스티아네가 죽기 10년 전인 1806년이었다.

이 외에도 괴테의 사랑에 얽힌 이야기들은 많이 있지만, 그중에서도 가장 많이 알려진 것은 괴테가『젊은 베르터의 고통』을 쓰게 된 계기로 알려진 샤를로테 부프와의 관계다. 베츨라르라는 작은 도시의 지방법원에서 실습사원으로 일하고 있던 괴테는 1772년에 변호사 요한 크리스티안 케스트너와 그의 약혼녀인 샤를로테 부프를 알게 된다. 괴테는 곧 당시 19세이던 샤를로테를 사랑하게 되지만, 동시에 크리스티안과도 좋은 관계를 유지한다. 괴테는 아무런 미래가 없는 사랑에 괴로워하다 결국엔 두 사람에게 작별의 편지만을 남기고 베츨라르를 떠나버리고 만다.

한편 괴테는 라이프치히 대학에서 법학을 공부하던 시절에 알고 지내던 카를 빌헬름 예루살렘을 베츨라르에서 다시 만나게 되는데, 그는 유부녀인 엘리자베트 헤르트를 짝사랑하다 1772년, 그러니까 괴테가 샤를로테를 사랑하다 베츨라르를 떠난 바로 그 해에 스스로 목숨을 끊는다. 그리고 괴테는 자신의 이야기와 예루살렘의 이야기를 엮어 소설『젊은 베르터의 고통』을 완성한다. 괴테가 이 소설을 쓰는 데에는 6주밖에 걸리지 않았다고 한다.

18세기 최대의 미디어 스캔들로 기록되다

『젊은 베르터의 고통』은 1774년 9월에 라이프치히 책 박람회에서 처음 소개되었고, 곧 전 유럽에서 베스트셀러가 되었다. 처음 출간 당시에 괴테는『젊은 베르터의 고통』을 익명으로 발표했는데, 그 이유는 앞서 헤세가『데미안』을 싱클레어라는 가명으로 발표한 것과 비슷하다. 이 소설이 꾸며낸 이야기가 아니라 실제로 벌어진 일처럼 보이게 함으로써 보다 큰 독자의 감동을 이끌어내려는 전략이었다.

그러나『젊은 베르터의 고통』은 굳이 그러한 전략이 필요하지 않을 만큼 폭발적인 인기를 끌었다. 그 결과 출간 후 얼마 되지 않아 벌써 7개의 해적판이 등장했다고 한다. 이는 한편으로『젊은 베르터의 고통』의 인기가 어느 정도였는지를 잘 알 수 있도록 해주는 것이지만, 동시에 유럽에서 저작권 개념이 오래전부터 존재해왔음을 보여주는 것이기도 하다. 물론 그렇다고 해서 저작권이 올바로 보호받았던 것은 아니었다. 이미 중세의 '직장가인', 즉 직업적으로 시를 짓고 노래를 부르는 사람들로부터 오로지 문학적 창작 활동만으로 먹고살고자 하는 시도가 이어져왔지만, 저작권이 보호받지 못했기 때문에 이에 성공한 작가들은

익명으로 발표된 『젊은 베르터의 고통』의 표지

20세기에 이르기까지 손에 꼽을 정도로 적었다.

괴테가 활동했던 18세기 말과 19세기 초는 물론, 유럽이 현대사회의 문턱에 와 있던 19세기 후반에조차 실효성 있는 저작권법이 존재하지 않았기 때문에, 당대를 대표하는 작가였던 테오도르 폰타네는 작가들을 "잉크노예"라고 칭하기도 했다. 책이 많이 팔리면 출판사만 돈을 벌 뿐, 작가들에게 돌아오는 보상은 거의 없었기 때문이다. 아무튼 1차 세계대전이 끝나고 바이마르 공화국 시기에 들어서서 저작권법이 제대로 갖춰지기 전까지 작가들은 자신들의 권리와 생존을 위해 끊임없이 싸워야만 하는 상황이 지속되었다.

해적판과 함께『젊은 베르터의 고통』이 얼마나 큰 인기를 끌었는지 잘 보여주는 것은 해외 번역판들이었다. 괴테의 소설은 거의 발간 즉시 프랑스어, 영어, 이탈리아어, 러시아어 등으로 번역되면서, 유럽 전역을 휩쓴 18세기 최대의 미디어 스캔들로 기록되었다.

특히 젊은 독자들이『젊은 베르터의 고통』을 읽고 열광적인 반응을 보였다. 남성들은 베르터의 복장을 흉내 내 황동 단추가 달린 파란색 셔츠와 노란색 조끼를 입고 갈색 장화를 신고 다녔고, 베르터가 사용했다는 향수가 만들어져 날개 돋친 듯이 팔렸으며, 베르터와 로테의 그림이 그려진 찻잔 세트와 소설 속 사건을 묘사하는 그림이 그려진 찻주전자가 만들어졌다. 프랑스의 황제 나폴레옹은 후에 괴테를 직접 만나 밝힌 바와 같이, 이 소설을 일곱 번이나 읽었으며 항상 몸에 지니고 다녔다고 한다.

무수한 모방을 부른 '베르테르 효과'

그러나『젊은 베르터의 고통』을 부정적으로 바라보는 독자들도 적지 않았다. 이들은 베르터를 전통적인 가치를 파괴하고, 가정의 평화를 교란하는 인물로 바라보았다. 또한 이들은 이 소설이 젊은이들을 자살로 이끈다고 비판했는데, 이는 근거가 없는 주장이 아니었다. 오늘날 밝혀진 바로는 『젊은 베르터의 고통』 발표 직후 베르터를 따라 자살한 남성들이 최소 12명에 이르렀다. 우리가 사회적인 영향력을 가진 유명인의 자살을 모방하여 자살을 시도하는 사회현상을 '베르테르 효과'라고 부르는 것은 바로 이 때문이다.

이에 괴테는 『젊은 베르터의 고통』 2판에 다음과 같은 시를 추가하지 않을 수 없었다.

모든 젊은이들은 그렇게 사랑하기를 갈망하고
모든 소녀들은 그렇게 사랑받기를 원한다.
아, 욕망 중 가장 성스러운 것.
그런데 쓰디쓴 고통이 솟구쳐 나오는 것은 어떤 이유에서인걸까?

사랑스러운 영혼이여, 너는 눈물을 흘리고, 그를 사랑한다.
너는 그의 기억을 굴욕감으로부터 구한다.

보라, 그의 넋이 그의 동굴에서 네게 손짓하는구나.

남자가 되어라. 그리고 나를 따르지 말라고.

괴테는 각각 1권과 2권 앞에 삽입된 이 두 편의 시를 통해 베르터를 따라 자살하지 말라는 이야기를 하고 있다. 괴테는 이를 지극히 '문학적'으로 표현한 결과, 아름답기는 하지만 마지막 두 문장이 아니라면 말하고자 하는 바를 독자가 거의 알아채지도 못하게 만들었다. '문학은 말하고자 하는 바를 보여주며 동시에 숨긴다'는 사실을 잘 보여주는 사례라고 할 수 있다. 이를 이해하기 쉽도록 '해석'하여 풀어 써주면 아마도 다음과 같을 것이다.

모든 젊은이들은 베르터처럼 정열적으로 사랑하고, 또 사랑받기를 바란다. 그러나 사랑은 늘 행복하고 즐거운 것만은 아니다. 너무나도 정열적이지만, 이뤄질 수 없다면 그 사랑은 고통스러울 수밖에 없다.

독자들의 사랑스러운 영혼이 베르터를 이해해주고, 그를 위해 눈물을 흘려주기에 베르터가 겪어야만 했던 쓰디쓴 고통은 그에게 더 이상 굴욕이 아니다. 그러나 세상을 떠난 그의 넋이 당신에게 손짓하며 말한다. 나처럼 스스로 삶을 포기하지 말고 남자답게 이겨내라고!

베르터의 사랑과 죽음이 진실하게 느껴지는 이유는 이 이야기가 괴테 자신의 체험과 고통, 진정성을 담고 있기 때문이다. 이로 인해 『젊은 베르터의 고통』은 독자들에게 더 큰 감동과 재미를 준다. 하지만 이 소설은 오히려 그 때문에 비슷한 경험을 한 수많은 젊은이들로 하여금 베르터의 길을 따라가야겠다는 유혹을 느끼도록 만들어주었다. 괴테는 새로운 서문을 통해 이 문제를 다시 문학적인 방법으로 풀어보려 시도하고 있는 것이다. 그렇다면 2판 발행 이후에 실제로 '베르테르 효과'가 사라졌을까? 아쉽게도 이에 대해서는 알려진 바가 없다.

계몽주의 VS 질풍노도,
사랑 너머의 이야기

1인칭 시점이 아닌 편지 형식을 선택한 이유

굳이 정리한다면 『젊은 베르터의 고통』의 줄거리는 매우 간단하다. 베르터라는 이름의 한 젊고 감수성이 풍부한 남성이 약혼자가 있는 여인 로테를 짝사랑하다가 이뤄질 수 없는 사랑의 고통을 견디지 못하고 자살한다는 것. 너무나 간결하고 쉽게 이해할 수 있는 줄거리다. 도대체 이 간단한 이야기로 그렇게 긴 소설을 쓸 수 있었다는 게 놀라울 지경이다.

그런데 조금만 더 생각해보면 더 놀라운 것이 눈에 띈다. 이 소설은 드물게도 '편지'라는 형식으로 이야기가 진행된다. 괴테는 이 비극적인 이야기를 왜 굳이 편지 형식으로 썼을까? 편지라는 서술 형식에서는 '나'가 서술자로 등장하여 자신의 주관적 감정과 생각을 직접적으로 전달한다. 이때 일반적인 1인칭 서술 시점과 다른 것은 이야기 대상이 편지 수신자로 특정되며, '나'가 여러 명이 될 수 있다는 것이다.

물론 한 사람의 편지만을 보여주는 경우라면 서술자는 한 명으로 고정되겠지만, 편지는 '답장'을 전제로 하기 때문에 편지 형식을 취하고 있는 소설에서는 두 사람 이상의 서술자가 등장하는 경우를 쉽게 찾아볼 수 있다. 이 경우, 여러 사람, 때에 따라서는 생각이 전혀 다른 두 사람의 상반된 생각을 가장 극적으로 보여줄 수 있다.

예를 들어 낭만주의 작가이자 우리에게 차이코프스키의 발레극 〈호두까기 인형〉 원작자로도 잘 알려진 E. T. A. 호프만Ernst Theodor Amadeus Hoffmann의 「모래사나이Der Sandmann」(1816)는 소설의 앞부분에 세 통의 편지를 제시하고 있는데, 이는 등장인물들 사이의 극적인 의견 차이를 선명하게 보여주는 역할을 한다. 각자가 자신의 생각과 감정을 서술자의 개입 없이 직접 제시함으로써, 이후 소설 전개에서 중요한 역할을 하는 이들 인물의 입장 차이가 분명하게 드러난다.

그러나 『젊은 베르터의 고통』은 편지 형식의 이러한 장점을 잘 살리고 있다고 보기는 어렵다. 편지 수신자가 보낸 답장이 등장하지 않기 때문에 입장 차이가 드러날 여지가 전혀 존재하지 않는다. 오히려 이 소설의 줄거리는 편지 형식에 매우 부적절한 것으로 보이기까지 한다. 편지의 발신자인 '나', 즉 베르터가 비록 소설의 마지막 부분에서이긴 하지만 스스로 목숨을 끊어버리기 때문이다. 이는 황당하게도 소설의 서술자가 사라져버린다는 것을 의미하며, 동시에 다른 서술자가 등장하여 이야기를 마무리지어야 한다는 것을 의미하기도 한다.

괴테는 편지 수신자인 베르터의 친구를 등장시켜 서술자 부재의 상황을 잘 극복하긴 하지만, 서술 관점에서 볼 때 이는 결코 이상적인 상황이라 보기 어렵다.

일반적으로 한 소설에서 서술 상황은 크게 변화하지 않는다. 미묘하게 전지적 시점과 3인칭 관찰자 시점을 오가는 경우는 있어도, 서술 관점이 극단적으로 변하는 경우는 찾아보기 어렵다. 왜 그런지는 축구 중계를 생각해보면 이해하기 쉽다. 축구 경기를 중계할 때 카메라는 기본적으로 경기장의 양 측면과 앞뒤, 즉 양쪽 골대 뒤에 모두 설치된다. 하지만 중계 화면은 경기장의 한쪽 측면에 놓인 카메라들이 잡은 영상만으로 구성되는데, 반대쪽에 놓인 카메라의 좌우가 바뀐 영상을 함께 보여줄 경우에는 중계를 보는 시청자들이 혼란을 느끼게 되기 때문이다.

이는 소설에서도 동일하다. 이야기를 서술하는 시점이 중간에 바뀌어버리면 독자는 이야기를 파악하는 데 혼란을 느낄 수밖에 없다. 물론 크리스타 볼프Christa Wolf의 『메데이아, 목소리들Medea, Stimmen』(1996)처럼 전혀 다른 인물들로 하여금 각각의 챕터를 서술하도록 하는 경우도 있지만, 이 경우에는 서술자가 바뀐다는 사실이 분명하게 밝혀진다. 이런 특수한 사례들을 제외하면 서술 시점, 즉 이야기를 관찰하고 전달하는 관점은 기본적으로 변화하지 않는다.

그런데 괴테는 이러한 서술 원칙을 무시하고, 독자의 혼란을 감수하면서까지 서술자 교체를 야기할 수밖에 없는 편지 형식으로 이야기를 전달한다. 그 이유는 무엇일까? 문학작품에 대한 대부분의 질문들이 그렇듯이, 이 질문에 대해서도 우리는 정확한 답을 제시하기 어렵다. 이에 대한 작가의 특별한 진술이 없다면 우리는 소설 내용과 독자로서의 경험을 바탕으로 답을 추정할 수 있을 뿐이다.

앞서도 말한 것처럼 『젊은 베르터의 고통』 줄거리는 소설 길이에 비해 매우 단순하다. 이는 이 소설 내용이 짝사랑과 자살이라는 사건 자체뿐만 아니라 자살에 이르기까지 고조되는 베르터의 내적 상황과 감정 변화가 소설의 핵심이라는 사실을 알 수 있게 해준다. 따라서 주관적인 사고와 감정을 묘사하는 데 효율적인 편지 형식은 이러한 내용에 적합한 형식이라고 할 수 있다. 게다가 편지는 1인칭 서술 상황과는 달리 타인에게 적는 형식이기 때문에 격렬한 감정과 극단적인 생각이 어느 정도는 순화되고 정제된 형태로 표현된다.

소설 속에 묘사된 여러 에피소드들에서 살펴볼 수 있는 것처럼, 베르터의 생각과 감정은 때로 지나치게 격정적이어서 통제를 벗어나는 경우가 많다. 그러한 상황이 주관적 관점에서 그대로 노출될 경우, 우선 소설의 예술성을 결정짓는 문학적 형식을 파괴하게 되고, 또 소설 내용이 사랑이란 감정의 본질과 이를 통제하려는 이성적 노력보다는 베르터의 '성격'에 집중될 가능성이 높아진다. 따라서 아무런 형식과 내용적 통제 없이 폭발적인 감정을 드러내는 1인칭 자아의 즉각적 진술보다는 편지라는 절제된 형식이 베르터의 이야기를 전달하는 데는 더 적당한 서술 방식이다.

괴테는 아마도 이러한 이유 때문에 중간에 서술자가 사라져버리게 되는 상황을 감수하면서까지 편지 형식을 선택했을 것이다. 괴테 입장에서 이러한 편지 형식의 또 다른 장점은, 지극히 개인적인 이야기를 개인적인 방식으로 전달하고자 하는 자신의 의도와 정확하게 일치한다는 것이었을 것이다. 이 소설에서 괴테가 하고 있는 일은 사실 너무나도 개인적인 자신의 짝사랑 이야기와 감정을 타인에게 전달하는 것이다.

그리고 괴테는 편지 형식을 택함으로써 이를 마치 남의 일처럼 이야기하거나(3인칭 시점), 술자리에서 여러 친구들에게 떠벌리는 것이 아니라(1인칭 시점), 진정성 있는 자신의 이야기를 특정한 인물만을 대상으로 하는 훨씬 개인적인 방식으로 전달할 수 있었던 것이다.

'그렇게 공개하기 껄끄러운 사적인 이야기라면 그냥 혼자 내면에 담아두는 편이 낫지 않을까?'라고 생각하는 독자도 있을지 모르겠다. 그러나 우리가 이미 경험적으로 알고 있는 것처럼 많은 작가들이 자신의 이야기를, 그것도 고민과 고뇌로 점철된 어려웠던 시절의 이야기를 소설로 쓴다. 그 이유는 여러 가지가 있겠지만, 우선 과거의 정리와 극복을 위한 글쓰기를 생각해볼 수 있겠다.

드러내면서 동시에 숨기는 것

굳이 작가가 아니더라도 우리는 어렵게 극복한, 혹은 아직 극복하지 못한 사건을 글로 쓰거나 남에게 이야기하면서 심리적으로 그 사건으로부터 벗어나는 일을 자주 겪는다. 자신의 경험을 글로 쓰거나 이야기한다는 것은 그간의 일들을 단순히 나열하는 데에 그치는 것이 아니라, 그 사건 및 사건과 관련된 감정과 생각들의 인과관계를 재구성한다는 것을 의미한다. 이를 통해 작가는 자신이 경험한 일들과 자신의 내면에서 벌어진 일들을 나름의 방식으로 이해하고, 작품을 완성함으로써 그 경험을 완결짓는다. 그리고 심리적으로 그 경험의 그림자로부터 벗어난다.

이처럼 글쓰기, 혹은 이야기하기의 내적 과정은 치유적인 성격을 가지고 있으며, 이는 심리치료에서도 활용된다. 괴테는 『젊은 베르터의 고통』을 집필하면서, 보다 극단적인 허구적 결말을 통해 사건을 종결지음으로써 아직 완전히 헤어나지 못한 짝사랑의 고통으로부터 벗어날 수 있었을 것이다. 게다가 이 소설을 읽는 독자들의 동감과 동정, 이해를 얻게 됨으로써 위안을 받기도 했을 것이다.

그렇다면 괴테는 왜 사실을 담은 수기가 아니라 소설 형식으로 자신의 경험을 적었을까? 이는 한편으로는 위에서 언급한 것처럼 보다 자유롭게 사건의 전개와 결말을 꾸며낼 수 있어서다. 그러나 다른 한편으로는 경험을 사실 자체로 적었을 때에는 자신의 사적 영역을 완전히 드러낼 수밖에 없기 때문이기도 하다. '허구' 뒤에 숨을 때 작가는 사적인 영역을 보호하면서도 자신의 경험을 서술할 수 있게 된다. 앞서 설명한 문학의 본질적 속성을 다시 한 번 상기해보자. 문학적 표현이란 '드러내면서 동시에 숨기는 것'이다.

하지만 이와 같은 성격의 치유적 문학은 함정을 숨기고 있다. 자신의 경험을 바탕으로 하는 문학작품은 그 진정성으로 인해 독자에게 많은 감동을 주지만, 한정된 경험만을 가지고 있는 작가, 특히 젊은 작가는 이런 방식으로 작품을 계속 쓰는 것이 불가능하기 때문이다. 그렇다 보니 전 세계 문학사에는, 또 우리 문학사에도, 단 한두 편의 뛰어난 작품만을 남기고 사라져버린 작가들이 무수히 많다.

자신의 경험을 바탕으로 글을 쓰는 것에 머물러서는 여러 작품을 쓰기 어렵다. 토마스 만이나 브레히트, 표도르 도스토옙스키나 레프 톨스토이, 에밀 졸라나 귀스타브 플로베르 등 세계 문학의 대가로 일컬어지는 작가들은 모두가 다 자신의 경험으로부터 출발하는 시기를 극복하고 다른 사람의 이야기나 완전한 허구의 이야기 등 경험적 차원을 넘어서는 작품들을 쓴 작가들이다.

괴테의 경우도 마찬가지다. 괴테 역시『젊은 베르터의 고통』이후의 작품들에는 자신의 경험을 뛰어넘는 다양하고 다채로운 이야기를 적고 있다. 그러나『젊은 베르터의 고통』에도 이미 작가 개인의 경험적 차원을 넘어서는 이야기가 숨어 있다. 여기에서 우리는 젊은 괴테의 높은 문학적 수준을 다시 한 번 깨닫게 된다. 그리고 이것을 제대로 이해하기 위해서는 우선 당대 시민문화의 정신적 토대를 형성했던 계몽주의에 대해 알아야 한다.

칸트의 계몽주의 "자페레 아우데!"
계몽주의는 17세기에 시작되어 18세기 중후반에 이르기까지 지속된, 유럽 정신사에 지대한 영향을 끼친 사고체계이자 사회운동이다.

계몽주의는 독일어로 'Aufklärung'이라고 하는데, 이는 'aufklären'이라는 동사의 명사형이다. 이때 aufklären은 auf(열다)와 klar(선명한, 분명한), -en(동사화 어미)이 합쳐져 만들어진 단어로서, "(무엇을/누구를) 열어서 분명하게 하다", 즉 "(누군가의 눈을) 열어 분명하게 보여주다"라는 뜻을 가진 타동사다. 따라서 이 동사의 명사형은 '눈을 열어 분명하게 보여주기'라는 의미를 가진다.

계몽주의란 미신과 비이성적 사고에 눈이 먼 사람들에게 진실을 가르쳐주는 것을 뜻하는 것이다. 그렇다면 진실이란 무엇을 통해 알 수 있을까? 진실을 알 수 있도록 해주는 수단이 되는 것은 종교도 아니고 직관이나 경험적 지혜도 아니다. 우리가 진실에 도달할 수 있도록 해주는 것은 오로지 이성뿐이다.

독일 계몽주의를 대표하는 철학자 칸트는 1784년에 발표된 에세이 「'계몽주의란 무엇인가?'라는 질문에 대한 답Beantwortung der Frage: Was ist Aufklärung?」에서 계몽주의에 대해 다음과 같이 밝히고 있다. 여기서 '자페레 아우데Sapere aude'는 라틴어로 '과감히 알려고 하라'는 뜻이다.

계몽은 스스로에게 책임이 있는 미성숙의 끝이다. 미성숙은 다른 사람의 지도를 받지 않고 스스로의 이성을 사용할 수 없는 상태를 말한다. 만약 미성숙의 원인이 이성의 결여가 아니라 다른 사람의 지도 없이 자신의 이성을 사용하겠다는 결정과 용기의 결여에 있다면, 이러한 미성숙은 스스로에게 책임이 있다. 자페레 아우데! 자기 자신의 이성을 사용할 용기를 가져라! 라는 것이 바로 계몽주의의 슬로건이다.

계몽주의를 설명할 때 가장 많이 인용되는 이 글에서 칸트는 계몽이란 '미성숙을 끝내는 것', 즉 '미성숙한 자를 성숙하게 만드는 것'을 뜻한다고 말한다. 이때 '미성숙'이란 '이성을 사용하지 못하는 상태'를 의미하는데, 그러한 미성숙은 자기 자신에게 책임이 있다. 인간은 누구나 이성을 가지고 있으므로 이성을 사용하지 못하는 것은 이성이 없어서가 아니라, 이성을 사용하겠다는 의지가 없기 때문이다. 그렇다면 이성을 가지고 있으면서도 이성을 사용하지 못하는 까닭은 무엇일까? 그것은 이성적으로 사고하고 판단하겠다는 결심을 할 용기가 없기 때문이다.

모두가 미신과 감정, 거짓에 현혹되어 잘못된 판단을 하고 있을 때 스스로의 이성을 기준으로 생각하는 것은 용기가 필요한 일이다. 따라서 칸트에게서 계몽의 목표는 이성적으로 사고하는 법을 가르치는 것이 아니다. 누구나 이성을 가지고 있다는 사실을 깨닫도록 하고, 그 이성을 사용할 용기를 갖도록 해주는 것이 계몽의 가장 중요한 목적이다. 세상의 진짜 모습을 볼 수 있는 눈은 누구나 가지고 있다. 감고 있는 두 눈을 뜨도록 해주는 것이 바로 계몽이다.

모든 것을 이성적으로 생각하는 계몽주의적 사고방식은 특히 18세기 중반 이후 독일 사회와 문화에 커다란 영향을 끼쳤다. 이를 가장 잘 보여주는 작가 중 한 명은 계몽주의의 대표적 작가로 꼽히는 레싱이다. 250여 년 전에 쓰인 레싱의 주옥같은 희곡들은 오늘날에도 여전히 많은 사랑을 받고 있지만, 그중에서도 『에밀리아 갈로티Emilia Galotti』(1772)와 함께 가장 많이 읽히고 공연되는 작품은 『현자 나탄Nathan der Weise』(1779)이다. 참고로, 『에밀리아 갈로티』는 베르터가 자살하기 전에 마지막으로 읽은 희곡이기도 하다.

지극히 이상적인 계몽주의 문학

흥미롭게도『현자 나탄』은 미국에서 9·11 테러가 터진 직후 독일에서 하루아침에 베스트셀러 2위에 올랐다. 당시 1위는 이슬람교 경전『코란』이었다.『현자 나탄』이 갑자기 새롭게 관심을 받게 된 것은 이 작품이 종교적 갈등과 관용을 다루었기 때문이다.

『현자 나탄』의 주요 등장인물은 세 명이다. 우선 주인공인 첫 번째 주요인물은 '현자'라 불리는 부유한 상인이자 유대교 랍비인 나탄이다. 두 번째 인물은 나탄이 집을 비운 사이 불이 났을 때 그의 수양 딸 레하를 구해준 신전 기사 쿠르트 폰 슈타우펜이다. 그는 십자군 전쟁에 참여했다가 포로로 잡힌 기독교도였지만, 세 번째 주요 인물인 술탄 살라딘이 자신의 형과 닮았다는 이유로 풀어준 인물이다.

이렇게 세 개의 종교를 대표하는 세 인물은 현실적인 이유로 서로 갈등에 빠진다. 신전 기사는 나탄이 레하와 자신의 결혼에 유보적인 태도를 보인다는 이유 때문에 나탄을 적대시하고, 재정적인 어려움을 겪던 살라딘은 나탄에게서 돈을 수월하게 빌리기 위해 나탄을 궁지에 빠뜨리고자 한다. 그러나 나탄은 이 갈등 관계에서 모두 슬기롭게 벗어난다. 살라딘은 현자이자 랍비인 나탄에게 일부러 대답이 불가능한 질문, 즉 유대교, 기독교, 이슬람교 중 어떤 것이 진짜 종교인지를 묻는데, 나탄은 이에 대답 대신 '반지 우화'를 들려줌으로써 살라딘을 탄복시킨다.

반지 우화의 내용은 다음과 같다. 한 왕에게 세 명의 아들이 있었다. 늙은 왕은 죽어가며 가장 사랑하는 아들에게 자신의 반지를 물려주어야 했는데, 왕은 세 아들을 모두 똑같이 사랑했기에 고민 끝에 똑같은 반지를 두 개 더 만들어 세 아들에게 나눠준다. 왕이 죽은 후에 모두 똑같은 반지를 물려받았다는 사실을 알게 된 세 아들은 누구 반지가 진짜인지를 알아내기 위해 재판관을 찾아간다. 그러자 재판관은 아버지의 사랑을 뜻한다는 점에서 세 개 반지가 모두 다 진짜라는 답을 준다.

이 우화가 말하는 바는 분명하다. 원래부터 있던 반지가 무엇이냐가 중요한 것이 아니라 반지에 담긴 뜻, 즉 아버지의 사랑이 중요하듯, 어떤 종교가 진짜 종교이냐가 중요한 것이 아니라 신의 뜻이 중요한 것이라는 의미다. 이러한 대답에 술탄이 쉽게 탄복하는 것이 비현실적으로 느껴지는 것도 사실이지만, 어쨌든 유대교와 이슬람교를 대표하는 나탄과 살라딘의 갈등은 이렇게 해결된다.

나탄과 신전 기사 사이의 갈등 역시 뜻밖의 방식으로 해결된다. 나탄이 신전 기사와 레하의 결혼에 유보적인 태도를 보인 것은, 신전 기사의 아버지와 레하의 아버지가 동일 인물일지도 모른다는 의혹 때문이었다. 그리고 그 의혹이 사실로 확인되면서 신전 기사와 나탄, 즉 기독교와 유대교 사이의 갈등 역시 눈 녹듯 사라진다. 그리고 이때 신전 기사 및 레하의 아버지가 기독교로 개종한 살라딘의 형이라는 사실이 드러나면서 기독교, 유대교, 이슬람교를 대표하는 인물들이 모두 한 가족이라는 사실이 밝혀진다.

이 이야기는 중세로부터 오늘날까지 이어지는 종교 간의 대립과 갈등을 생각해보면 당시에도 지금도 비현실적이지만, 이를 통해 동시에 계몽주의 문학의 이상주의적 성격을 잘 보여주고 있기도 하다. 계몽주의가 궁극적으로 독자가 이성적 사고와 행동을 할 수 있도록 '계몽'하는 것을 목적으로 하고 있는 만큼, 아무리 비현실적이라 하더라도 우리가 궁극적으로 도달해야 할 이상적 모습을 제시하는 것은 계몽의 효과적인 수단이 될 것이다.

또한 이 작품에서 드러나는 종교의 이해 역시 계몽주의

의 이성 중심적 사고방식을 잘 보여주고 있다. 종교는 기본적으로 이성적 판단 너머에 존재하는 믿음이므로, 종교의 역사에 대한 이해나 여러 종교의 뿌리가 같음을 확인하는 일은 유일신을 믿는 종교의 배타적인 성격을 극복하는 데 도움이 될 수 없다. 그러나 유대교 랍비가 종교의 역사를 우의적으로 설명하는 반지 이야기를 통해 술탄에게 모든 종교가 궁극적으로 하나임을 알리고자 하고, 이슬람교 술탄이 이에 설복되는 것은 이 희곡의 세계관 안에서 이성이 종교적 믿음에 우선한다는 사실을 잘 보여준다.

『현자 나탄』이 종교 간, 문화 간 갈등이 첨예화된 오늘날을 살아가는 우리에게 던져주는 묵직한 메시지와 무관하게, 우리는 이 작품에서 계몽주의 안에서 이성의 힘이 얼마나 절대화되고 있는지를 잘 알 수 있다. 그러나 이성의 강조는 동시에 인간의 또 다른 측면인 감정과 상상력의 힘을 간과하는 결과를 가져온다. 오로지 이성만이 중시될 때 격렬한 감정과 비현실적 상상은 이성적 판단을 방해하는, 배척되어야 할 것으로 여겨졌다.

따라서 이 시기에 오히려 감수성과 상상력, 꿈과 비현실성을 중시하는 낭만주의 문학이 싹트고, 자연과 일상의 법칙이 파괴된 세계를 묘사하는 환상문학이 생겨난 것은 우연이 아니었다. 이성이 절대화된 곳에서는 격정적인 감정과 자유분방한 판타지가 싹을 틔우기 마련이다.

이성 중심에 반대하는 질풍노도 문학

이성 중심적 계몽주의에 대한 또 다른 반작용은 독일문학에서 '질풍노도'라는 문학적 경향으로 나타났다. '질풍노도'는 흔히 계몽주의 문학 이후에 시작된 문예사조를 뜻하는데, 독일어로는 'Sturm und Drang'이라고 한다. 여기서 Sturm은 폭풍을, Drang은 '어딘가로 격렬하게 몰려가는 양상'을 뜻한다. 그러므로 '강력한 바람과 성난 파도'를 뜻하는 '질풍노도'는 정확한 번역은 아니다. 그러나 누가 처음 이렇게 번역했는지는 알 길이 없지만, 이 번역은 정확한 언어적 의미와 무관하게 뜻하는 바가 원어인 'Sturm und Drang'을 너무나 적절하게 표현하고 있기에 오늘날까지도 문제없이 사용되고 있다.

이 질풍노도는 1767년부터 1785년까지, 문예사조로는 비교적 짧은 기간 동안 유행한 경향으로, 20대 초반의 젊은 작가들이 주도한 것이었다. 이들은 모든 것을 이성의 잣대로 판단하는 계몽주의적 예술에 반대하며, 직관과 천재적 영감, 격정적인 감정, 예민한 감수성을 다시 문학과 예술의 중심에 놓고자 하였다. 그리고 이 문학 운동의 핵심에『젊은 베르터의 고통』을 쓰던 시기의 젊은 괴테가 있었다.

『젊은 베르터의 고통』에 나타나는 질풍노도적 성격은 예를 들면 베르터와 그의 연적인 알베르트 사이의 다음 대화에서 알 수 있다.

"어떻게 사람이 스스로에게 방아쇠를 당길 만큼 어리석을 수 있는지 상상이 안 돼요. 생각만 해도 아주 불쾌해집니다."(알베르트)

"어떤 일에 대해 이야기할 때 당신들은 곧장 그것은 어리석다, 그것은 현명하다, 그것은 좋고, 그것은 나쁘다라고 말해야만 하는 모양인데, 그게 도대체 무엇을 의미하나요? 그래서 당신들은 어떤 행동의 내적인 관계들을 모두 연구했단 말인가요? 어떤 원인이 어떤 결과로 이어지는지, 무엇 때문에 그런 일이 일어났고, 무엇 때문에 그런 일이 일어날 수밖에 없었는지 모두 분명하게 알고 있단 말인가요? 만약 그랬다면 당신들은 그렇게 급하게 판단을 내리진 않았겠지

요."(베르터)

"그건 전혀 다른 거예요. 자신의 열정에 사로잡힌 인간은 판단력을 상실하게 되니 술에 취한 사람이나 미친 사람으로 보이기 때문이에요."(알베르트)

"아, 당신들 같은 이성적인 사람들이란!" (…) "나는 사람들이 어떤 위대한 일이나 불가능해 보이는 일을 해낸 비범한 인물을 술주정뱅이나 미치광이라고 불러야만 했다는 사실을 어느 정도는 이해했기 때문이에요. 그렇지만 일상생활에서조차 자유롭고 고상하고 예상을 뛰어넘는 일이 이뤄지고 있는데 뒤에서 '저 사람 취했어, 바보야'라고 떠드는 걸 듣는 건 참을 수가 없어요, 당신들 안 취한 사람들 말이에요! 부끄러운 줄 아세요, 현명한 양반들!"(베르터)

"당신은 모든 걸 과장하고 있어요. 적어도 지금 우리가 문제삼고 있는 자살을 위대한 행위와 비교하는 건 옳지 못해요. 결국 자살이란 나약함 이외의 것으로 볼 수 없기 때문이에요. 괴로움에 가득 찬 삶을 꿋꿋하게 참는 것보다는 죽는 편이 더 쉬우니까요."(알베르트)

"인간의 본성에는 한계가 있어요. 기쁨, 고통, 괴로움을 어느 정도까지는 참을 수 있지만, 그 한계를 넘어서면 곧장 파멸하고 말아요. 그러니 여기서 문제가 되는 건 어떤 사람이 강한가 약한가 하는 것이 아니라, 도덕적인 일이건 육체적인 일이건 간에 그가 겪고 있는 고통의 양을 견뎌낼 수 있는가, 없는가 하는 거예요. 그리고 나는 자기의 목숨을 스스로 끊는 사람을 비겁하다고 부르는 것은 이상한 일이라고 생각해요. 악성 열병에 걸려 죽어가는 사람을 겁쟁이라고 하는 것이 부당한 일인 것과 마찬가지로요."(베르터)

이 흥미진진한 대화는 줄거리 진행에서 여러 가지로 중요한 역할을 한다. 이 대화는 소설 중반부에, 알베르트가 처음 실제로 등장하는 장면에서 이뤄진다. 이때까지 알베르트는 로테의 약혼자로서 베르터에게서 인지되고 언급되기는 했지만, 피와 살을 가진 실제 인물로 등장하는 것은 이 장면이 처음이다. 따라서 이 대화는 두 사람의 관계를 구체적으로 규정짓는 첫 번째 순간이라 할 수 있다.

'질풍노도'를 대변하는 인물, 베르터

여기에서 묘사되는 두 사람의 극단적인 의견 차이는 단순히 자살에 대한 견해 차이를 보여주는 것이 아니라, 연적으로서 두 사람 사이에 존재하는 적대적 관계를 상징적으로 보여준다. 그 어떤 외교적인 제스처도 없이 평행선을 달리는 두 사람의 대화는 지식인 간의 논쟁이라기보다는 감정이 섞인 말다툼과도 같은 느낌을 주기 때문이다. 이때 또 하나 흥미로운 것은 두 사람이 하필이면 자살에 대해 이야기를 나누고 있으며, 알베르트가 자살을 나약한 의지의 결과로서 부정적으로만 평가하는 데 비해, 베르터는 스스로 목숨을 끊는 사람들의 절망을 이해하고자 하는 모습을 보인다는 것이다. 이는 명백하게 소설의 결말에 대한 복선이다.

이처럼 이 대화는 베르터와 알베르트 사이의 관계를 드러내고, 앞으로 벌어질 일을 암시하는 중요한 역할을 한다. 그러나 대화 내용을 조금 더 유심히 살펴보면, 두 사람이 단순히 자살에 대해 토론하는 것만은 아님을 알 수 있다. 알베르트가 자살을 부정적으로 평가하는 이유는 자살이 이성을 상실하게 만드는 격정적인 감정의 결과이기 때문이다. 알베르트에게서 감정은 기본적으로 이성적인 판단을 방해하는, 따라서 이성적인 삶을 살아가고자 하는 사람이라면 지양해야 할 인간의 부정적 자질이다. 이러한 알

베르트의 태도는 오해의 여지 없이 분명하게 계몽주의적이다.

반면 베르터는 단순히 자살을 긍정적인 것으로 평가하는 것이 아니라, 그것이 통제 불가능한 본능적 감정의 결과이기 때문에 '이해할 수 있다'고 생각한다. 베르터에게서 '감정'은 부정하거나 억압할 수 없는 인간의 본질적 성격이다. 따라서 '슬픔'이나 '절망'과 같은 감정에 '올바른 것', '그릇된 것'과 같은 가치판단을 내리는 것은 불가능하다. 뿐만 아니라 이러한 감정은 이성의 통제 바깥에 존재하는 힘이라는 점에서 이성적이고 합리적인 일상의 틀을 벗어나는 힘의 상징으로 여겨진다.

"자유롭고 고상하고 예상을 뛰어넘는 일"을 하기 위해서는 일상의 질서를 벗어나야 하며, 이러한 일은 고작해야 질서정연한 외면을 만들 뿐인 이성으로는 이뤄낼 수 없다. 일상을 벗어나는 위대한 일은 감정과 같이 보다 본질적이고 원초적이며 강력한 힘에 의해서만 이뤄질 수 있다.

이렇게 보면 격정적인 감정을 쫓다 결국 스스로 목숨을 끊는 베르터는 알베르트로 상징되는 계몽주의, 혹은 이성 중심적으로 구성된 일상의 질서를 극복하고자 하는 인물로 이해할 수 있다. 『젊은 베르터의 고통』은 비극적인 짝사랑 이야기이지만, 동시에 당대의 계몽주의 대 반계몽주의적 질풍노도라는 정신사적 맥락을 드러내는 소설이기도 하다.

양파껍질 벗기듯 읽기

학생들에게 『젊은 베르터의 고통』을 읽고 감상문을 제출하게 하면, 제일 많이 나오는 이야기가 "사랑 때문에 자살까지 하다니 이해할 수 없다"는 것이고, 그다음으로 많이 나오는 이야기는 정반대로 "베르터의 고통에 전적으로 동감한다"는 것이다. 또 오래전 소설이다 보니 어느 정도 이해할 수는 있지만, 예를 들어 시를 읽고 감동하는 장면이나 감정에 북받친 나머지 실신하는 것과 같은 과장된 장면들이 많다는 감상도 있다. 그 밖에 많이 등장하는 감상은 "줄거리 진행에 필요 없는 이야기가 너무 많아 지루하다"는 것이다. 그런 내용들이 빠지면 훨씬 속도감 있고 재미있는 소설이 되리라는 것이다.

실제로 그럴 수도 있을 것이다. 가장 많은 불평거리가 되는 자연에 대한 지루한 묘사라든지, 일상에 대한 감상적인 묘사들, 귀족들과의 불화 등 줄거리 진행과 큰 관계가 없는 내용들을 축소하면 날렵하고 속도감 있는 이야기가 되어 오늘날의 상업영화나 TV드라마, 애니메이션이나 만화 등과 견줄 만한 작품이 될 수 있을지도 모른다. 하지만 실제로 그럴까? '한 남자가 약혼자가 있는 여성을 혼자 사랑하다 괴로움을 견디지 못해 자살했다'는 이 간단한 이야기만으로?

재벌이 등장하지도 않고, 복잡한 삼각, 사각의 연애관계, 더 복잡한 집안사, 교통사고, 기억상실과 같은 소재들이 등장하지 않고도 과연 『젊은 베르터의 고통』이 간결하게 서술된다고 하여 오늘날의 '비극적 사랑 이야기'와 경쟁할 만한 소설이 될 수 있을까? 아마도 그렇지는 못할 것이다.

『젊은 베르터의 고통』은 당대의 문화적 맥락에서, 문학에 대한 당대의 요구에 맞춰 쓰인 작품이다. 그리고 200여 년 전 문화적 맥락 속에서 소설에 대한 요구는 '빠르게 이해되고 소비될 수 있는 흥미진진하고 박진감 넘치는 이야기'는 아니었을 것이다. 전혀 다른 목적으로 쓰인 소설이 줄거리를 간략하게 만든다 해서 오늘날 독자의 요청에 부응하는 작품이 되지는 못한다.

오늘날과 같은 디지털 인쇄문화가 발명되고 보급되기 훨씬 전인 18세기에 책은 고가의 문화상품이었다. 종이도 비쌌고, 한 글자 한 글자 수작업으로 활자를 채워 넣은 판을 종이 위에 대고 수작업으로 찍어 넣어 한 쪽씩 인쇄를 해야 했던 시절에 책은 대량생산과 대량소비가 불가능한 고가의 미디어였다. 이는 책을 빌려주는 대여도서관과 상대적으로 저렴한 문고판 책이 일반화된 19세기 후반에 가서야 책이 매스미디어로서의 성격을 갖추게 되었다는 사실을 생각해보면 더 쉽게 이해된다.

이러한 상황에서 서너 시간 만에 다 읽고 책꽂이에 치워두게 되는 책은 가치 있는 책이 아니었다. 고작 서너 시간의 즐거움을 위해서라면 책은 너무 비싼 상품이었다. 따라서 당대의 문학은 한 문장, 한 문장 다시 음미해서 읽을 수 있을 만큼 언어적 아름다움과 내용적 깊이를 갖춘 것이어야만 했다.『젊은 베르터의 고통』역시 마찬가지였다.

『젊은 베르터의 고통』이 당대로부터 오늘날까지 뛰어난 작품으로 인정받는 것은 흥미로운 줄거리 때문이기도 하지만, 언어적 아름다움, 그리고 문장과 문장, 장면과 장면 뒤에 숨어 있는 또 다른 읽을거리들 때문이기도 하다. 괴테의 작품들에 쓰인 단 한 줄의 문장도 이유 없이 허투루 쓰인 것은 없다. 『젊은 베르터의 고통』과 같은 고전 명작을 읽는 것이 마치 양파껍질을 벗기는 것 같다고 느끼게 되는 것은 이 때문이다.

우리는 이미 두 개의 껍질을 벗겼다. 비극적인 짝사랑이라는 줄거리 층위의 이야기를 읽었고, 그 아래 숨어 있는 계몽주의와 질풍노도의 대립을 찾아냈다. 다음 층위의 이야기는 지루하게만 느껴지는 자연묘사에서 찾아보자. 베르터는 어느 날 그림을 그리러 나갔다 와서 그날 하게 된 내적 경험을 친구에게 다음과 같이 전한다.

(…) 그 뒤에 있는 것들을 모두 그렸어. 한 시간쯤 지난 후에 나는 내가 내 것을 섞지 않고도 짜임새 있고 아주 흥미로운 그림을 완성했다는 사실을 알게 되었어. 이것이 앞으로 오로지 자연에만 의지하자는 내 원칙을 더 굳건하게 만들어줬어. 오로지 자연만이 무한히 풍부하고, 오로지 자연만이 위대한 예술가를 만들 수 있어.

여기서 베르터가 얘기하고 있는 것은 어찌 보면 너무나 당연한 서양의 기본적인 예술관이다. 아리스토텔레스 이래로 서구에서 예술은 자연을 모방하는 것으로 여겨져왔다. 20세기 초에 이르기까지 이러한 모방론적, 혹은 사실주의적 예술관은 예술 이해의 가장 중요한 축을 형성했다. 일상적으로 보아도 우리는 흔히 '자연의 아름다움'에 감탄하며, 자연이야말로 모든 예술적 창조물을 뛰어넘는 가장 아름다운 것이라고 이해해왔다. 그러나 당대의 문화적 맥락을 고려하면 자연적 아름다움에 대한 이러한 찬사가 가지고 있는 또 다른 의도를 알아차릴 수 있다.

진정한 천재는 규칙 너머에서 위대한 작품을 창조한다

전통적으로 예술은 정형화된 형식을 가지고 있었다. 중세에 시 쓰기는 수공업적 작업이었으며, 내용보다는 규칙을 얼마나 잘 지키고 있는가가 시를 평가하는 데 더 중요한 역할을 했다. 중세의 직장가인대회에서 심사위원들은 감동을 선사하는 내용을 가진 시가 아니라 시학의 규칙을 가장 적게 위반하는 작품을 우승작으로 선정했다. 바로크 시대에는 시인이자 비평가 마르틴 오피츠가 이탈리아의 정형화된 시학을 독일어에 맞게 수정한 것이 문학 규칙으로 통용되었다. 이성을 중심으로 하는 계몽주의 문학에서도 마찬가지였다.

초기 계몽주의 비평가 요한 크리스토프 고트체트가 만들어 광범위하게 받아들여진 시학은 희곡과 시가 어떤 규칙들을 지켜야 하는지를 규정하는 규범시학이었다. 그러나 이러한 엄격한 정형성은 이미 계몽주의 내에서 반발을 불러일으켰다. 앞서 소개한 계몽주의 작가 레싱은 아리스토텔레스가 『시학』에서 정리한 희곡 법칙들을 정확하게 지키던 프랑스 고전주의 희곡보다는 시학 규칙을 자유롭게 넘나드는 셰익스피어가 독일인 정서에 더 잘 어울린다고 주장했다.

예를 들어 "희곡의 사건은 해가 떠서 다시 질 때까지 이뤄져야 한다"는 '시간의 일치' 법칙을 지키기 위해 '하루'를 끝없이 연장하는 프랑스 고전주의 희곡들은 오히려 개연성을 떨어뜨려 관객들이 극중 인물에 동감과 연민을 느끼는 것을 방해한다는 것이다. 규범화된 문학 규칙에서 벗어나려는 레싱의 이러한 노력은 질풍노도 시기에도 그대로 이어졌다.

질풍노도 작가들은 규칙보다는 영감과 격정적인 감정의 즉흥성에 의존하는 자유로운 창작을 중시했다. 규칙은 나쁘지 않은 작품을 만들기 위한 수단은 될 수 있지만, 진정한 천재는 규칙 너머에서 위대한 작품들을 창조하는 것이다. 그리고 이러한 생각은 베르터의 편지에 고스란히 반영되어 있다.

(예술의) 규칙이 가지고 있는 장점들에 대해서는 여러 가지 이야기를 할 수 있을 거야. 대략 시민사회를 칭찬할 수 있는 것과 마찬가지로 말이야. 규칙에 따라 창작하는 사람은 결코 무미건조하거나 나쁜 작품을 만들어내진 않을 거야. 법과 예의범절에 맞춰 살아가는 사람이 견디기 어려운 이웃이나 대단한 악당이 되기 어려운 것과 마찬가지지.

괴테는 여기서 계몽주의의 규범시학뿐만 아니라 이성을 중심으로 하는 시민사회의 계몽주의적 경향까지도 싸잡아 비판하고 있다. 천편일률적인 규칙에 따라 만들어진 작품은 이성을 중시하는 시민계급의 삶과 다를 바 없으며, 이성적 판단과 규칙만을 따르면 악한 사람, 졸렬한 작품은 나오지 않겠지만 결코 훌륭한 사람, 훌륭한 작품은 나올 수 없다는 것이다.

> 반면에 누가 뭐라 하든 모든 규칙은 또한 자연의 진정한 느낌과 진정한 표현을 파괴해버려! (…) 아아, 벗들이여, 무엇 때문에 천재의 물결이 터져나오는 일이 이토록 드물단 말인가? 커다란 홍수가 되어 그대들의 정체된 영혼을 뒤흔드는 일이 이토록 드물단 말인가?-친애하는 벗들이여, 그것은 강의 양쪽 강변에 여유 넘치는 신사들이 살고 있기 때문이지. 그들은 정자나 튤립꽃밭, 채소밭 등이 혹시나 못쓰게 될까봐, 제때 둑을 쌓아 앞으로 닥쳐올 위험을 미리 방지하고 있다네.

베르터는 이제 한 걸음 더 나아가 이성을 바탕으로 한 규범과 규칙이 자연적인 감정을 억압하고 천재의 실현을 방해하는 것이라고 주장한다. 이성은 천재와 감성을 정해진 틀 안에 가둠으로써 질서를 유지하지만, 위대한 변화와 창조를 가로막는 둑에 불과하다. 예술작품이든 사회적인 행위이든 무언가 위대한 일을 행하기 위해서는 천재가 만든 거대한 힘이 시민들이 질서정연한 삶을 지키기 위해 쌓아놓은 둑을 부수고, 그들의 일상적인 삶을 파괴하는 일이 선행되어야 한다.

절망적인 사랑 너머의 이야기

여기까지 살펴보고 나면 괴테는 자연, 천재, 감정을 이성적이고 질서정연한 삶에 대립되는 것으로 이해하고 있다는 사실이 분명해 보인다. 진정한 예술은 이성적인 사고를 따르는 질서정연한 삶에서는 생겨날 수 없으며, 오로지 자연에게 천재를 부여받은 예술가에 의해, 격렬한 감정의 폭발 속에 이성적인 삶의 질서가 극복될 때에만 탄생할 수 있다. 결국 『젊은 베르터의 고통』은 한 젊은이의 절망적인 사랑 이면에 질풍노도의 예술관을 숨기고 있는 것이다.

이제 한 걸음만 더 생각을 이어가보자. 예술이 이성으로는 통제할 수 없는 격렬한 감정의 폭발을 전제로 하고 있는 것이라면, 동일하게 격렬한 감정적 상황에서 이뤄지는 자살은 어떻게 이해해야 할까? 그것이 비록 고통이라는 부정적인 감정이긴 하지만 말이다. 알베르트와 베르터의 대화에서 잘 드러난 것처럼 자살은 위대한 예술과 마찬가지로 이성적이고 질서정연한 시민적 삶의 대척점에 존재한다.

그렇다면 자살은 혹시 질풍노도적 예술의 상징이 아닐까? 베르터의 죽음이 비슷한 짝사랑을 겪어본 수많은 젊은 이들에게 감동과 연민, 카타르시스를 불러일으켰다면, 이것은 그의 죽음이 예술적인 효과를 갖는 것으로 볼 수 있지 않을까? 『젊은 베르터의 고통』은 분명 비극적인 짝사랑 이야기이지만, 상징적 차원에서는 질풍노도적 예술을 형상화하고 있는 것은 아닐까?

이를 입증하기 위해서는 좀 더 치밀한 해석이 필요하겠지만, 이러한 생각은 작품의 감상을 보다 풍성하게 해주는 흥미진진한 아이디어다. 그런데 여기에서 아이러니한 것은 자연의 아름다움을 무엇 하나 더하거나 뺄 수 없는 완벽한 아름다움으로 이해하고, 이러한 자연적 아름다움을 인위적으로 재현해낼 수 있는 예술가를 천재로 보았던 사람이 바로 계몽주의 철학자 칸트였다는 사실이다. 이성 중심적인 계몽주의 시학을 비판하다 보니 결국 칸트의 미학 이론에 도달한 상황이다.

이는 괴테가 『젊은 베르터의 고통』 이후 질풍노도의 세계관과 예술관에 계몽주의를 수용하여 조화와 자연미를 동시에 추구하는 고전주의 예술로 나아가게 될 것이라는 사실을 미리 암시해주는 것으로 이해할 수도 있을 것이다. 고전주의의 또 다른 대표자인 실러가 칸트의 열렬한 추종자였다는 사실 역시 시사하는 바가 크다.

불후의 명작에는
이유가 있다

기독교 세계관 안에서 발견한 자유

『젊은 베르터의 고통』을 양파껍질 벗기듯 한 꺼풀씩 벗겨가며 읽겠다고 마음먹고 유심히 살펴보면, 지금까지 살펴본 사랑 이야기, 계몽주의와 질풍노도적 세계관의 대립, 질풍노도적 예술관 외에도 더 많은 것들이 눈에 들어온다. 예를 들어 5월 10일자 편지를 다시 한 번 읽어보자.

내 주위의 정다운 골짜기에 안개가 피어오를 때, 내 숲의 뚫고 들어올 수 없는 깊은 어둠의 표면에 높이 솟은 태양이 머물고, 단지 한두 줄기의 햇살만이 내면의 성스러운 곳으로 숨어들 때, 흘러 내려가는 시냇가의 무성한 풀숲에 누워 땅바닥 바로 옆에서 여러 종류의 작은 풀들이 만들어내는 기이한 느낌에 빠져들 때면, 또 풀줄기 사이의 작은 세계가 웅성거리는 모습과 수많은 작은 벌레들, 모기들의 수수께끼 같은 형상을 내 심장 가까운 곳에서 느낄 때, 자신의 형상에 따라 우리를 창조하신 전능하신 분의 현존과 우리가 영원한 기쁨 속에서 살아가도록 받쳐주고 잡아주시는, 만물을 사랑하시는 분의 숨결을 느낄 때—친구여, 그리고 내 눈 주위가 어두워지고 내 주위의 세계와 하늘이 마치 연인의 형상처럼 내 영혼 안에서 안식할 때, 그럴 때면 나는 동경에 사로잡혀 이런 생각을 해. 아, 빌헬름 네가 저것을 다시 표현해낼 수 있다면, 너무나 충만하고 너무나 따뜻하게 네 안에 살고 있는 것들을 종이 위에 불어넣을 수 있다면, 그래서 마치 네 영혼이 저 무한한 신의 거울인 것처럼 그것이 네 영혼의 거울이 될 수 있다면! 하고 말이야. 나의 친구여, 하지만 나는 그 때문에 무너지고 말아. 나는 이 현상들의 장엄함이 가진 힘에 압도당하고 말아.

많은 독자들에게 흔히 '가장 지루한' 부분으로 꼽히는

이 인용문에서 베르터는 가까이에서 들여다본 자연의 아름다움에 압도당하여 이를 화폭에 옮길 용기를 잃어버렸다고 적고 있다. 베르터는 이를 통해 한편으로는 자연의 아름다움을 강조하고, 다른 한편으로는 이를 예술적으로 재현하는 것이 얼마나 어려운 일인지를 간접적으로 드러내고 있다.

그런데 숨어 있는 것을 찾는 데 익숙해진 독자라면 여기에도 무언가 숨겨진 이야기가 있다는 사실을 눈치챌 수 있을 것이다. 특히나 자연의 아름다움과 신성이 밀접하게 연관을 맺고 있다는 사실에 눈길이 끌릴 것이다. 신은 자연 속 만물에 깃들어 있다. 벌레나 모기와 같은 작고 사소한 것들 안에도 신성이 깃들어 있다. 그리고 그것이 자연이 가진 아름다움의 비밀이다.

이처럼 모든 자연적 현상에서 신성을 발견하는 것을 우리는 범신론이라 부른다. 물론 괴테는 인격체로서의 신을 부정하고 있지 않을 뿐만 아니라, 오히려 "우리를 자신의 형상에 따라 창조한 전능자"라는 표현을 통해 구체적으로 기독교의 유일신인 하나님을 지칭하고 있기 때문에 기독교 세계관에 직접적으로 도전하는 것처럼 보이지는 않는다. 그러나 만물에 신성이 깃들어 있다는 언급은 분명 유일신을 믿는 기독교에서 자연을 이해하는 것과는 다른 방향성을 보여준다.

이처럼 기독교 안에 머무르지만 교리를 보다 자유롭게 해석하는 것은 괴테가 그의 작품 속에서 보여주는 종교관의 특징이다. 괴테의 대표작인 『파우스트』에서도 마찬가지다. 희곡인 『파우스트』에는 하나님이 인물로 등장하기 때문에 기본적으로 기독교 틀 안에서 벌어지는 일을 묘사하고 있다고 볼 수 있다. 그러나 작품 속에 묘사되는 하나님의 판단들은 당시 일반적인 기독교 신자들로서는 상상하기 어려운 것들이다. 악마 메피스토펠레스의 도움을 받은 파우스트 때문에 끔찍한 범죄를 저지르고 미쳐버리는 순결한 여인 그레트헨도, 메피스토펠레스의 유혹에 넘어가 오랫동안 타락의 길을 걸은 파우스트도 하나님에게서 구원받기 때문이다.

"사탄의 유혹 같은 책"

그러나 괴테의 작품들 중 당대 기독교도들과 성직자들의 가장 커다란 반발을 산 것은 다름 아닌 『젊은 베르터의 고통』이었다. 이는 베르터의 범신론적 자연묘사 때문이 아니었다. 잘 알려져 있다시피 기독교에서 '신이 주신 목숨을 스스로 버리는 행위'인 자살은 가장 커다란 죄악 중 하나다. 따라서 스스로 목숨을 끊은 자들은 죽음의 순간에 성직자의 축복을 받을 수도 없었고, 교회가 관리하는 묘지에 묻힐 수도 없었다. 독일의 가장 유명한 작가 중 한 명인 하인리히 폰 클라이스트의 무덤이 공동묘지가 아니라 그가 자살한 한적한 베를린 호숫가에 위치한 것도 이 때문이다.

그런데 『젊은 베르터의 고통』에서는 다른 인물도 아니고, 독자가 감정이입을 하여 함께 사랑하고 함께 고통을 느끼는 주인공 베르터가 자살을 적극적으로 옹호하고, 결국에는 실제로 자살을 한다. 이것만으로도 이미 이 소설은 반기독교적이라 할 수 있다. 게다가 이 소설은 다음과 같이 마무리된다.

늙은 정무 집행관이 소식을 듣고 달려왔습니다. 그는 뜨거운 눈물을 흘리며 죽어가는 베르터에게 입을 맞추었습니다. 뒤를 이어 곧 그의 큰 아이들이 걸어서 도착했습니다. 아이들은 참을 수 없는 고통을 드러내며 침대 옆에 쓰러져, 베르터의 손과 입에 입을 맞추었습니다. 베르터가 항상 가장 사랑했던 맏아들은 베르터가 죽고 사람들이 억지로 떼어놓을 때까지 그의 입술에서 떨어지지 않았습니다. 베르터는 낮 12시에 숨을 거두었습니다. (…) 일꾼들이 유해를 운반했습니다. 성직자는 한 명도 동행하지 않았습니다.

심지어 아이들까지도 베르터의 죽음에 슬퍼하는 와중에 종교를 대표하는 인물들은 그 누구도 베르터의 죽음을 애도하거나 슬퍼하지 않는다. 게다가 그것이 소설의 마지막 문장이다. 이런 마무리를 본 독자들은 당연하게도 '우리의 고통을 달래주지도 못하고 죽음을 슬퍼하지도 않는 종교는 과연 인간적인가?'라는 질문을 던지지 않을 수 없다.

이러한 소설의 내용과 마무리에 당대 성직자들이 분노한 것은 당연한 일이었다. 당시 함부르크의 대주교였던 요한 멜히오르 괴체는 이를 다음과 같이 표현했다.

이 소설은 오로지 한 젊은 멍청이의 자살에서 수치스러운 것들을 닦아내는 것과 주인공의 파렴치한 짓을 영웅적인 행동으로 꾸며 보여주는 것만을 목적으로 하고 있다. (…) 저

주받아 마땅한 이 책을 읽은 젊은이들은 영혼에 흑사병의 궤양을 얻게 될 것이며, 그것은 언제고 분명 갈라져 터지고 말 것이다. 게다가 검열이 이런 사탄의 유혹 같은 책의 인쇄를 막지 못했다니!

그렇다면 괴테는 이 작품을 통해 기독교를 비판하거나 반기독교적인 종교관을 표현한 것일까? 우리가 이 소설만으로 확실하게 이야기할 수 있는 것은 괴테가 최소한 기독교를 철저하게 교리에 입각하여 이해하는 종교관을 가지고 있지는 않았다는 것이다. 앞서도 이야기한 것처럼 괴테는 기독교 틀을 완전히 벗어나진 않지만 범신론적이고 자유로운 종교관을 가지고 있었던 것만큼은 분명해 보인다.

노골적으로 그려진 계급의 갈등
종교적인 내용만큼이나 아슬아슬하게 느껴지는 것은 『젊은 베르터의 고통』에 거의 노골적으로 드러나 있는 정치적 내용이다.

모든 관심은 의전에만 쏠려 있고, 어떻게 하면 한 자리라도 상석에 앉아볼까 몇 년이고 노심초사하는 자들은 도대체 어떤 인간들인지! 그거 말고는 할 일이 없어서 그러는 것도 아닌데 말이야. 아니야, 오히려 사소하고 성가신 일들로 중요한 일들에 방해를 받기 때문에 일은 쌓여만 가고 있지. (…)

그때 과장되게 점잔 빼는 S부인이 남편과, 또 납작한 가슴에 예쁜 코르셋을 입은, 잘 부화된 거위 새끼 같은 딸과 함께 나타났어. 그러고는 지나가면서 대대로 물려받은 높은 귀족의 눈과 콧구멍을 보여주었지. 그 사람들이 모두 가슴 깊이 역겨워서 난 막 가려고 하던 참이었어.

베르터는 짝사랑의 고통으로부터 벗어나고자, 또 어머니 뜻대로 공직자로서 성공하기 위해 궁정에서 일을 시작한다. 하지만 이는 그에게 또 다른 쓰라린 경험만을 안겨준다. 베르터는 고위 공직자들과 귀족들 사이에서 일하면서 그들의 허례의식과 오로지 궁정 자리에만 관심을 보이는 모습에 신물을 느낀다. 그리고 시민계급으로서 그가 있어서는 안 되는 자리에 있었다는 이유로 귀족들 사이에서 웃음거리가 되어버리는 사건을 겪고 나서 베르터는 결국 궁정을 떠난다.

이 에피소드는 궁정과 공직사회 문화를 비판하는 듯하지만, 역사적인 맥락에서 보면 귀족계급과 시민계급 사이의 정치적 갈등을 완곡한 형태로 보여주고 있기도 하다.

『젊은 베르터의 고통』은 1774년에 발표되었다. 프랑스에서 시민계급이 황제를 몰아낸 프랑스대혁명이 벌어진 것이 1789년이었고, 전 유럽에 시민혁명의 폭풍이 몰아친 것이 1832년이었다는 사실을 고려하면, 『젊은 베르터의 고통』은 유럽 내 왕족 및 귀족과 시민계급의 정치적 대립이 격화되던 시기에 쓰였다는 사실을 알 수 있다. 이는 작품 속에 등장하는 시민계급과 귀족계급 사이의 갈등이 이 문제를 떠나서는 이해될 수 없다는 것을 의미한다.

물론 프랑스혁명에 대한 괴테의 태도에서 잘 드러나듯, 괴테는 급진적인 변화보다는 점진적인 개선을 추구하는 인물이었기 때문에, 『젊은 베르터의 고통』에 드러나는 정치적 갈등과 귀족에 대한 비판 역시 급진적이라고 하기는 어렵다. 귀족계급에 대한 직설적인 비난에도 불구하고 C백작이 가장 긍정적인 인물로 묘사되며, 궁정을 떠나는 베르터에 대한 왕의 위로에 베르터가 느끼는 감동 등은, 괴테의 비판이 신분제 계급사회 시스템에 대한 것이라기보다는 귀족 계급 일부에 지배적인 특정한 문화를 겨냥하고 있다는 사실을 알 수 있게 해준다.

이 외에도 『젊은 베르터의 고통』에는 해석을 요구하는 여러 이야기 층위들이 더 존재한다. 예를 들어 어머니를 일찍 여의고 여덟 명의 동생들을 마치 어머니처럼 돌보고 키우는 로테는 기본적으로 모성애가 충만한 여성이다. 또한 로테의 생일은 괴테의 여동생 코르넬리아와 같은 12월 7일이다. 그렇다면 괴테와 코르넬리아 사이의 각별했던 관계가 이 소설과 어떤 관계가 있는 것은 아닐까?

또 『젊은 베르터의 고통』에서 언급되는 여러 문학작품들은 어떤 의도로 선택된 것일까? 특히 죽어가는 베르터의 책상에 놓여 있던 작품이 계몽주의자였던 레싱의 희곡 『에밀리아 갈로티』였다는 사실은 무엇을 의미할까? 『젊은 베르터의 고통』에는 한 번만 읽어서는 눈치채기 어려운 많은 이야기들이 숨어 있다.

좋은 소설이란 무엇일까?

개인적으로 『젊은 베르터의 고통』을 읽을 때마다 참 좋은 소설이란 생각을 하게 된다. 첫 번째 이유는 이 소설이 지금까지 살펴본 것처럼 여러 해석의 층위를 가지고 있기 때문이다. 이때 놀라운 것은 각각의 층위에 숨어 있는 이야기들이 서로 방해하거나 모순을 일으키지 않으며 하나의 조화로운 전체를 이루고 있다는 사실이다. 이 소설은 양파껍질을 벗기듯 한 꺼풀씩 벗겨가며 즐길 수도 있고, 전체를 하나의 이야기로 감상할 수도 있다.

또 하나 중요한 것은, 제일 바깥에 줄거리 층위가 있으며, 이 줄거리가 재미있다는 것이다. 흔히 고전이라 일컬어지는 작품들이나 대가들의 작품들을 읽어본 경험이 많은 독자라면 이것이 당연한 것만은 아니라는 사실을 잘 알고 있을 것이다. 줄거리가 거의 사라진 작품들은 특히 대가들이 만년에 쓴 작품들에서 드물지 않게 찾아볼 수 있다. 지적 수준이 높아질 대로 높아진 만년의 대가들이 여러 의미 층위를 가진 작품을 쓸 때, 너무 깊은 의미 층에서부터 글을 쓰기 시작하여 표층에 있어야 할 줄거리가 생략되는 경우가 종종 있는 것이다.

이러한 작품들의 경우, 작품에서 다루는 문제들의 맥락을 아주 잘 알거나 이런 종류의 소설 읽기에 익숙한 독자들

만이 재미를 느낄 수 있으리라는 것은 자명하다. 하지만 아무리 깊이 있는 이야기를 여러 층으로 쌓아놓더라도『젊은 베르터의 고통』처럼 줄거리 층위에서부터 읽는 재미를 제공해줄 경우, 보다 많은 독자들이 익숙하지 않은 의미 층위에까지 도달할 가능성은 높아질 수밖에 없다.

그러나 '재미있는 줄거리'는 동시에『젊은 베르터의 고통』이 18세기와는 완전히 다른 오늘날의 사회문화적 환경 속에서도 많은 독자들에게 사랑받는 중요한 이유이기도 하다. 오늘날의 문화 시장에서는 많은 사람들이 쉽게 즐길 수 있는 대중문화와 상대적으로 적은 규모의 집단이 즐기는 고급문화가 상호 간의 구별 없이 경쟁한다. 이때 내러티브의 재미는 시장에서의 생존을 판가름하는 결정적인 요인이 된다.

표면적 줄거리 아래 아무리 깊이 있는 내용을 보물처럼 숨기고 있다 하더라도 줄거리 차원에서 아무런 재미도 제공하지 못한다면 그 작품은 문학 시장에서 살아남기 어렵다. 오로지 '고전'이기 때문에 선택받고 읽히는 '재미없는' 작품은 오늘날의 독자에게 고통스러운 독서의 경험과 '고전이란 재미없는 것'이라는 인상만을 남겨주게 될 것이다.

고전문학을 주로 읽어온 사람이라면 '수준 높은 작품일수록 재미있는 줄거리를 가지고 있는 경우가 적다'고 생각할 수도 있다. 하지만 그 수준 높은 작품들은 오늘날과는 다른 문화적 요구에 따라 쓰였기 때문에 재미없게 느껴지는 것이지, 당대에도 재미가 없는 작품들은 아니었을 가능성이 높다. 더욱이 '재미가 없다'는 것이 그 작품이 수준 높은 것임을 보여주는 척도가 될 수는 없다.

오늘날의 관점에서 재미있는 줄거리는 보다 깊이 있는 재미들, 예컨대 구조적 아름다움, 삶과 사회, 세계에 대한 성찰, 자유로운 상상력, 해석의 즐거움, 문장의 아름다움 등등을 즐길 수 있는 길을 터주기 위해서라도 반드시 필요하다. 아무리 깊이 있는 내용을 담은 작품이라 하더라도 진입장벽은 낮을수록 좋으며, 서양 고전의 가치조차 의심받는 탈권위주의 시대에 '재미없는' 작품을 읽으라는 강요는 정당성을 얻을 수 없다. 이는 전혀 다른 문화사적 맥락에서 살아가는 우리 입장에서 당연한 일이기도 하다.

이런 관점에서 『젊은 베르터의 고통』은 오늘날 새롭게 수용될 수 있는 고전이 갖춰야 할 조건들을 충실히 갖추고 있는 작품이다. 이렇게 간단한 이야기가 당대 젊은이들의 열광적인 반응을 이끌어냈을 뿐만 아니라, 오늘날까지도 명작으로 남아 많은 젊은 독자들에게 감동을 주는 것은 다 이유가 있는 것이다.

국내에 중요한 독일문학 작품이 많이
번역되지 않은 이유는 무엇인가?

어떤 독일문학 작품이 '중요하다'는 것은 그 작품
이 독일문학사에서 커다란 의미를 가지고 있다는
것을 뜻한다. 그러나 그것이 곧장 우리 일반 독자
들에게도 중요하다거나 흥미롭다는 것을 의미하
지는 않는다. 그렇다 보니 중요한 독일문학 작품
들이 여전히 한국어로 번역되어 있지 않은 경우
가 많다. 누가 팔리지도 않을 책을 번역하고 출간
하겠는가? 따라서 이러한 번역과 출간은 학문적

인 영역에서 이뤄지는 경우가 대부분이다. 한국 독문학 연구의 역사가 그리 길지 않고, 또 연구자들 수도 많지 않기 때문에 이런 종류의 번역은 속도가 빠르지 않다. 하지만 여러 연구자들이 꾸준히 좋은 번역을 내고 있으니 장기적으로 볼 때는 그렇게 절망적인 수준은 아닌 것 같다. 언젠가 독일의 대표적인 문학작품들이 모두 번역되어 일반 독자들에게도 독일문학이 훨씬 가까운 것이 되기를 바란다. 이는 또한 우리 문학과 문화의 지평을 넓히는 일이기도 할 것이다.

질풍노도 문학이 그 시대의 젊은 청년들에게 사랑받은 이유는?

질풍노도 문학은 계몽주의 전반에 만들어진 규범 시학과 이성만을 중요시하는 계몽주의적 사고방식에 대한 젊은 작가들의 저항이었다. 이들은 오로지 형식에 의존하여 문학작품의 가치를 판단하는 기성세대의 권위주의적 문학관에 반기를 들고, 이성적인 사고가 아니라 격정적인 감정과 정서를 문학적으로 표현하고자 했다. 따라서 질풍노도 문학을 주도한 작가들이 진보적인 젊은 작가들이었으며, 그들의 작품을 사랑한 독자들이 대부분 젊은 사람들이었다는 것은 놀라운 일이 아니다. 반면 형식보다는 격정적이고 즉흥적인 감정 표현을 중요시하다 보니 문학적으로 완성도가 떨어지고, 그 결과 오늘날까지 남아 있는 작품이 많지 않다는 것도 이해할 수 있는 일이다.

3부 _____

아직도
풀지   못한

수수께끼
같은 책

- 호프만스탈
「672번째 밤의 동화」

작품과 작가에 대한 정보를 찾고, 이를 바탕으로, 또 기존에 알고 있던 지식들을 함께 동원하여 작품을 해석해 보고, 처음 읽을 때 해독할 수 없었던 내용을 하나씩 알게 되어갈 때 느끼는 즐거움은 무척 크다. 최종적으로 작품 전체의 의미가 보이고, 작가의 의도를 깨닫게 될 때 느끼는 기쁨은 정서적 감동과는 전혀 다른, 지적인 울림이 큰 즐거움이다.

세기말 아름다운 삶의
멜랑콜리

수수께끼 풀듯이 읽기

소설이 수수께끼처럼 느껴질 때가 있다. 파악할 수 있는 줄 거리는 매우 빈약하고, 의미를 알 수 없는 사건들과 묘사가 이어지며, 대체 작가가 무슨 이야기를 하고 있는지 알 수 없는 경우다. 오스트리아를 대표하는 작가 중 한 명인 후고 폰 호프만스탈의 단편소설 「672번째 밤의 동화」도 그런 작품이다.

우선 제목부터 그 의미가 애매하기 짝이 없다. 왜 하필 '672'번째 밤이며, 왜 동화일까? 작품을 처음부터 끝까지 꼼꼼하게 읽어봐도 그에 대한 답은 찾을 수가 없다. 게다가 줄거리는 한 줄로도 요약할 수 있을 만큼 간단하다. 즉 한 부잣집 남자가 하인의 누명을 풀어주러 시내에 나갔다가 말에 차여 죽는다는 것이다. 반면 이 간단한 줄거리에 비해 너무나도 긴, 뜻을 알 수 없는 묘사는 끝없이 이어진다.

하지만 이 작품은 아름답다. 번역본으로만 읽어도 문장과 묘사의 아름다움을 느낄 수 있지만, 독일어 원어로 읽으면 마치 소설 전체를 한 편의 시로 써놓은 것 같다는 생각을 하게 된다. 하지만 그게 다일까? 문장과 구성의 아름다움이 전부이고 줄거리는 그저 껍데기에 불과한 것일까?

3부의 목적은 이 소설의 암호 같은 문장들과 수수께끼 같은 이야기를 해독하고 풀어내는 것이다. 그리고 그 과정에서 소설 해석과 해독의 즐거움을 느껴보는 것이다. 그러기 위해선 우선 소설과 관련된 정보들을 최대한 많이 모아야 한다. 일단 이 소설이 발표된 시기, 흔히 '세기전환기'라 불리던 19세기 말과 20세기 초 독일의 상황부터 알아보도록 하자.

그런데 본격적으로 이야기를 시작하기에 앞서 독자들에게 당부드리고 싶은 것이 있다. 대부분의 독자들은 이미 읽었으리라 생각되지만, 그렇지 않다면 아래 내용으로 넘어가기 전에 반드시 「672번째 밤의 동화」를 먼저 읽어보라는 것이다. 길지 않은 소설이니 틀림없이 빠르게 읽을 수 있을 것이다. 대체 무슨 이야기인지 나름대로 해석해보고 나서 아래 내용을 읽는 것이 좋을 것 같다. 그러고 나서 함께 수수께끼를 풀어보면 예상하지 못했던 커다란 재미를 느낄 수 있을지도 모른다.

예술과 문학의 테마로 떠오른 '성性'

1부에서 살펴본 것처럼 19세기 후반에 독일의 사회와 문화는 커다란 변화를 겪었다. 특히 자연과학의 발달과 이를 바탕으로 이뤄진 산업혁명은 산업과 사회의 구조는 물론 당대 독일인들의 인간관과 세계관까지도 근본적으로 바꿔놓았다. 특히 다윈의 진화론은 인간을 다른 생물들과 다를 바 없는 자연현상으로 인식하도록 만듦으로써 수백 년 동안 지속되어온 기독교적 인간관의 근간을 흔들어놓았다.

인간이 자연현상의 일부라는 인식의 전환은 무엇보다도 인간을 바라보는 두 가지 새로운 관점을 가능하게 만들었다. 첫 번째는 자유의지를 부정하는 결정론적인 인간관이고, 다른 하나는 성적인 존재로서의 인간이다.

자연과학적 사고방식하에서 인간을 자연현상으로 이해한다는 것은 인간 존재와 삶이 예외 없이 자연법칙의 지배를 받는다는 것을 의미한다. 이는 특정한 인간 개체의 존재와 삶은 그를 둘러싼 유전적, 환경적 조건들에 따라 결정된다는 것을 뜻하며, 그 결과 '자유의지'나 '신의 뜻'과 같은 형이상학적 개념들은 개입할 여지가 사라지고 만다. 이제 인간은 신과 자연 사이에 위치하는 특별한 존재에서 유전과 사회·경제적 조건에 따라 운명이 결정되는 자연현상으로 그 위상이 변화하게 되었다.

인간이 자연현상의 일부이며 기나긴 진화의 과정을 거쳐 오늘날의 모습을 갖게 된 유기체라면, 인간은 또한 성적인 존재로 이해될 수 있었다. 진화는 기본적으로 환경이 제공하는 먹이가 먹여 살릴 수 있는 개체 수보다 많은 개체가 생존을 위해 경쟁하는 과정에서 이뤄진다. 경쟁 과정에서 한정된 먹이를 획득하는 데 유리한 형질을 가지고 태어난 개체가 살아남게 되고, 그 형질이 후대에 유전되면서 점진적인 진화가 이뤄지는 것이다.

그렇다면 이러한 진화의 원동력은 가능한 한 많은 개체를 생산해내고자 하는 자연적 의지, 즉 성적 욕망에 있다고 할 수 있다. 따라서 모든 생물의 내면에 존재하며 모든 생물을 진화로 이끄는 가장 본질적인 자연적 성질은 바로 성적 욕망이다. 인간 역시 자연현상이며 진화의 법칙의 지배를 받는 존재라면 그들의 본질을 구성하는 가장 핵심적인 요소는 다른 생물들과 다를 바 없이 바로 성 욕망이다. 오랜 기독교의 전통 속에서 항상 죄악으로 여겨져 은폐되고 억압되었던 성 욕망이 이제 인간의 본질을 이루는 성격으로 이해되기 시작한 것이다.

오로지 이러한 인간관의 변화 속에서만 19세기 말에 갑작스럽게 독일어권 예술과 문학의 주요 테마로 떠오른 성과 에로틱을 이해할 수 있다. 이 시기에 인간의 본질을 진지하게 탐구하고자 했던 예술가들과 작가들에게서 인간의 본질을 예술적으로, 또는 문학적으로 묘사한다는 것은 인간의 성 욕망을 묘사하는 것을 의미했다.

화가 구스타프 클림트의 〈다나에〉, 〈유디트〉, 〈키스〉 등에 등장하는 로맨틱한 여인들도, 토마스 만의 작품 「벨중가의 피Wälsungenblut」에 등장하는 근친상간도, 프랑크 베데킨트Frank Wedekind의 희곡 『봄의 깨어남Frühlings Erwachen』에 등장하는 청소년의 성과 『룰루Lulu』 2부

클림트의 〈다나에〉

작에 나오는 악마화된 여인도, 동화 『밤비Bambi』의 작가 펠릭스 잘텐Felix Salten이 쓴 포르노 소설의 주인공 요제피네 무첸바허도, 아르투어 슈니츨러Arthur Schnitzler의 여러 작품들에 등장하는 무수한 불륜적 성 욕망도 모두가 인간 본질로서의 성과 성 욕망을 예술적으로 묘사하고자 했던 시도라고 할 수 있다.

프로이트가 설명한 인간의 성 욕망
이처럼 성을 인간의 자연적 본질로 이해하고자 하는 경향은 예술과 문학에서만 나타나지 않았다. 인간의 심리와 정신을 학문적으로 이해하고자 하는 학문 분야에서도 이러한 경향은 뚜렷하게 나타났다. 오스트리아의 정신의학자 지그문트 프로이트Sigmund Freud는 당대 시민계급 여성들 사이에 유행하던 히스테리의 원인을 연구하다가 정신병이 뇌의 물리적 손상뿐만 아니라 심리적인 요인 때문에도 생길 수 있다는 사실을 발견했다. 그리고 이에 대한 연구 과정에서 성 욕망이 인간 정신의 가장 본질적인 영역을 차지하고 있다는 사실을 밝혀냈다.

프로이트에 따르면 인간의 정신은 이드, 자아, 초자아로 구성되어 있다. 이때 이드는 정신의 가장 본질적인 영역으로서 성 욕망과 성 에너지로 이뤄져 있다. 초자아는 교육과 사회화 과정에서 생겨나는 것으로서 성 욕망을 억압하고 통제하려는 의지를 뜻한다. 그리고 우리가 '나'라고 인지하는 자아는 성 욕망과 이것을 통제하려는 슈퍼에고 사이에서 방황하는 불안한 존재다. 이러한 프로이트의 정신분석학적 구상에서 특이한 것은 인간의 본질을 자연적 성 욕망에서 찾는 것 외에도, 인간을 자연적 욕망과 인위적 통제 사이에 위치하는 불안정한 존재로 이해하고 있다는 것이다.

자연적 성 욕망과 인위적 통제라는 인간 이해의 이원론적 구조는 프로이트의 문명론에서도 드러난다. 프로이트는 자연을 인간과 대립된 것으로 보는, 즉 인간의 문명은 자연을 극복하는 과정에서 이뤄졌다고 보는 전통적인 유럽의 자연관/문명관을 그대로 따르면서 이를 보다 극단적인 대립관계로 발전시켰다. 프로이트의 관점에서 문명은 인간의 자연적 본성, 즉 성 욕망을 억압하는 과정을 통해서 발전해왔다. 욕망의 억압을 통해 생겨난 잉여 에너지가 문명 발달에 활용되는 것이다. 따라서 인류 문명의 역사는 곧 성 억압의 역사이며, 문명 발달은 곧 자연적 본성의 약화, 즉 성과 생명력의 약화를 의미하게 된다.

19세기 말의 '삶'과 '문명'의 대립

성과 문명의 대립관계는 당시의 문학작품에서도 흔히 다뤄지는 주제였다. 호프만스탈과 막역한 사이였던 오스트리아 작가 슈니츨러의 희곡 『라이겐Reigen』은 이를 가장 효과적으로 묘사한 작품들 중 하나였다. 작품이 발표된 19세기 말과 초연이 이뤄진 20세기 초에 커다란 문화적, 사회적 스캔들을 야기했을 만큼 당시로서는 파격적이었던 희곡 『라이겐』은 모두 10개의 단막극으로 구성되어 있다.

각 단막극에는 두 명의 인물이 등장하는데, 그중 한 명은 앞선 단막극에서 등장했던 인물이며, 마지막 열 번째 단막극에서는 제일 처음에 등장했던 인물인 '창녀'가 다시 등장한다. 이로써 첫 번째 단막극에서 열 번째 단막극까지 줄거리가 아닌 인물로 이어지는 순환 구조가 완성된다. 줄거리상으로는 서로 연결되는 지점이 없는 각각의 단막극들은 또한 내적 구조에 따라서도 서로 연결된다. 창녀와 백작이 등장하는 마지막 에피소드를 제외하고는 모든 단막극이 '대화–성관계–대화'의 구조를 가지고 있기 때문이다.

이 구조는 다양한 사회계급 출신의 인물들이 등장하는 모든 에피소드에 동일하게 적용됨으로써 성 욕망이 사회적 조건과 무관하게 모두에게 행동의 근원이 된다는 사실을 보여준다. 다른 한편으로는 성 관계 전후의 대화들을 통해 동일한 욕망에 대응하는 서로 다른 인물들의 서로 다른 양상들을 보여줌으로써, 문명 발달 정도에 따라 성 욕망에 대한 태도가 달라진다는 사실을 분명하게 드러낸다.

예를 들어 1막에서는 사회의 최하층민, 즉 문명화가 가장 덜 된 집단에 속하는 두 인물인 창녀와 군인이 등장하는

데, 이들 사이의 대화는 성 욕망을 직접적으로 드러내는 수단에 불과하다. 그에 따라 대화는 짧고 직설적이다. 반면 극단적으로 문명화된 집단인 귀족계급에 속하는 백작에게서 성 욕망은 양식화된 생활 과정을 통해 복잡한 단계와 긴 대화를 거친 후에야 충족된다. 욕망의 대상이 되는 여배우에게 우선 꽃을 보내고, 다음엔 직접 방문하고, 공연이 끝난 후 마차를 보내 여인을 데려오고, 장황한 대화가 곁들여진 멋진 저녁 식사를 한 후에야 욕망 충족의 기회가 생겨나는 것이다.

그러나 문명화의 정도는 성 욕망 실현 과정에만 영향을 미치는 것이 아니다. 문명화가 덜 된 집단 소속의 인물일수록 욕망과 에너지가 강하고, 문명화가 많이 이뤄진 집단에 속하는 인물들은 욕망과 에너지 자체가 약하다. 따라서 군인은 연달아 두 번의 관계가 가능하지만, 부유한 시민계급은 이미 성기능 장애를 겪고 있고, 백작은 두 번의 관계가 절대로 불가능하며, 경우에 따라서는 성관계를 갖는 것 자체가 불가능할 수도 있다.

『라이겐』에서 이처럼 희화화되는 문명과 성 욕망, 혹은 문명과 자연적 본성의 대립은 19세기 말의 여러 문학작품들 속에서 보다 진지하게 다뤄지고 있다. 이때 흥미로운 것은 이들 작품을 쓴 사람들이 작가로서 가장 문명화가 많이 이뤄진 집단에 속했다는 사실이다. 따라서 이들의 작품 속에서 자연적 생명력을 간직한 인물들은 한편으로는 문명화가 덜 된 타인으로, 다른 한편으로는 동경의 대상으로 묘사된다.

이들 작가들은 세기말의 염세적 분위기 속에서 극단적으로 문명화되어 생명력을 잃고 몰락해가는 시민계급 혹은 귀족계급과, 문명화되지는 못했지만 대신 넘치는 생명력으로 미래의 주인이 될 사회 하층민의 대조적인 삶을 시민계급의 관점, 즉 문명화된 자의 관점에서 묘사했다.

그러나 이러한 문학적 경향의 다른 쪽 끝에서는 오로지 극단적으로 문명화된 삶 속에서 가치를 찾으며, 동시에 자연적 본질과 자연적 생명력을 적대시하는 문학 집단이 생겨났다. 이를 우리는 오늘날 '아름다움' 자체에서 삶과 예술의 가치를 찾는다는 점에서 '유미주의'라고 부른다.

탐미적 인간을 묘사한 언어예술가

시를 번역한다는 것의 어려움

우선 독일의 유미주의를 대표하는 시인 슈테판 게오르게 Stefan George의 시 「죽었다고들 말하는 공원으로 오라 그리고 보라Komm in den totgesagten park und schau 」를 읽어보자.

죽었다고들 말하는 공원에 와서 보라

멀리 미소 짓는 물가의 흐린 빛

순수한 구름의 예기치 못한 푸른 빛

연못과 여러 색 오솔길을 밝힌다.

그곳에서 깊은 노란색, 부드러운 회색을 가져오라

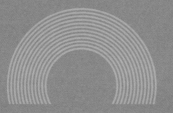

사유의 새로운 지평

Philos 시리즈

인문·사회·과학 분야 석학의 문제의식을 담아낸 역작들
앎과 지혜를 사랑하는 사람들을 위한 우리 시대의 지적 유산

arte

Philos 001–003

경이로운 철학의 역사 1–3

움베르토 에코·리카르도 페드리가 편저 | 윤병언 옮김

문화사로 엮은 철학적 사유의 계보

움베르토 에코가 기획 편저한 서양 지성사 프로젝트
당대의 문화를 통해 '철학의 길'을 잇는 인문학 대장정

165*240mm | 각 904쪽, 896쪽, 1,096쪽 | 각 98,000원

Philos 004

신화의 힘

조셉 캠벨·빌 모이어스 지음 | 이윤기 옮김

왜 신화를 읽어야 하는가

우리 시대 최고의 신화 해설자 조셉 캠벨과
인터뷰 전문 기자 빌 모이어스의 지적 대담

163*223mm | 416쪽 | 32,000원

Philos 005

장인: 현대문명이 잃어버린 생각하는 손

리처드 세넷 지음 | 김홍식 옮김

"만드는 일이 곧 생각의 과정이다"

그리스의 도공부터 디지털 시대 리눅스 프로그래머까지
세계적 석학 리처드 세넷의 '신(新) 장인론'

152*225mm | 496쪽 | 32,000원

Philos 006

레오나르도 다빈치:
인간 역사의 가장 위대한 상상력과 창의력

월터 아이작슨 지음 | 신봉아 옮김

"다빈치는 스티브 잡스의 심장이었다!"

7,200페이지 다빈치 노트에 담긴 창의력 비밀
혁신가들의 영원한 교과서, 다빈치의 상상력을 파헤치다

160*230mm | 720쪽 | 68,000원

Philos 007

제프리 삭스 지리 기술 제도:
7번의 세계화로 본 인류의 미래

제프리 삭스 지음 | 이종인 옮김

지리, 기술, 제도로 예측하는 연결된 미래

문명 탄생 이전부터 교류해 온 인류의 70,000년 역사를 통해
상식을 뒤바꾸는 협력의 시대를 구상하다

152*223mm | 400쪽 | 38,000원

Philos 근간

*** **뉴딜과 신자유주의** (가제)

신자유주의가 어떻게 거의 반세기 동안
미국 정치를 지배하게 되었는지에 대한 가장 포괄적인 설명

게리 거스틀 지음 | 홍기빈 옮김 | 2024년 5월 출간 예정

*** **크랙업 캐피털리즘** (가제)

재러드 다이아몬드 『총, 균, 쇠』의 역사 접근 방식을
자본주의 역사에 대입해 설명한 타이틀

퀸 슬로보디언 지음 | 김승우 옮김 | 2024년 6월 출간 예정

*** **애프터 더 미라클** (가제)

40년 만에 재조명되는 헬렌 켈러의 일대기
인종, 젠더, 장애… 불평등과 싸운 사회운동가의 삶

맥스 월리스 지음 | 장상미 옮김 | 2024년 6월 출간 예정

*** **플러시** (가제)

뜻밖의 보물, 똥에 대한 놀라운 과학
분변이 가진 가능성에 대한 놀랍고, 재치 있고, 반짝이는 탐험!

브리 넬슨 지음 | 고현석 옮김 | 2024년 6월 출간 예정

*** **알파벳의 탄생** (가제)

인류 역사상 가장 중요한 발명품, 알파벳에 담긴
지식, 문화, 미술, 타이포그래피의 2500년 역사

조해나 드러커 지음 | 최성민 옮김 | 2024년 7월 출간 예정

*** **전쟁의 문화** (가제)

퓰리처상 수상 역사학자의 현대 전쟁의 역학과 병리학에 대한
획기적인 비교연구

존 다우어 지음 | 최파일 옮김 | 2024년 8월 출간 예정

*** **종교는 어떻게 진화하는가** (가제)

종교의 본질, 영장류와 인간의 유대감 메커니즘에 관한
학제 간 연구

로빈 던바 지음 | 구형찬 옮김 | 2024년 10월 출간 예정

Philos 018

느낌의 발견: 의식을 만들어 내는 몸과 정서

안토니오 다마지오 지음 | 고현석 옮김 | 박한선 감수·해제

느낌과 정서에서 찾는 의식과 자아의 기원

'다마지오 3부작' 중 두 번째 책이자 느낌–의식 연구에
혁명적 진보를 가져온 뇌과학의 고전

135*218mm | 544쪽 | 38,000원

Philos 019

현대사상 입문: 데리다, 들뢰즈, 푸코에서
메이야수, 하먼, 라뤼엘까지 인생을 바꾸는 철학

지바 마사야 지음 | 김상운 옮김

인생의 '다양성'을 지키기 위한 현대사상의 진수

이해하기 쉽고, 삶에 적용할 수 있으며,
무엇보다도 마음을 위로하고 격려하는 궁극의 철학 입문서

132*204mm | 264쪽 | 24,000원

Philos 020

자유시장: 키케로에서 프리드먼까지,
세계를 지배한 2000년 경제사상사

제이컵 솔 지음 | 홍기빈 옮김

당신이 몰랐던, 자유시장과 국부론의
새로운 기원과 미래

'애덤 스미스 신화'에 대한 파격적인 재해석

132*204mm | 440쪽 | 34,000원

Philos 021

지식의 기초: 수와 인류의 3000년 과학철학사

데이비드 니런버그·리카도 L. 니런버그 지음 | 이승희 옮김 | 김민형 추천·해제

서양 사상의 초석, 수의 철학사를 탐구하다

'셀 수 없는' 세계와 '셀 수 있는' 세계의 두 문화,
인문학, 자연과학을 넘나드는 심오하고 매혹적인 삶의 지식사

132*204mm | 626쪽 | 38,000원

Philos 022

센티언스: 의식의 발명

니컬러스 험프리 지음 | 박한선 옮김

따뜻한 피를 가진 것만이 지각한다

지각 동물, '센티언트(Sentients)'의 기원을 찾아가는
치밀하고 대담한 탐구 여정

135*218mm | 340쪽 | 30,000원

자작나무와 너도밤나무에서, 바람은 미지근하고,

때늦은 장미는 아직 완전히 시들지 않았다.

잘 골라 입을 맞추고 화환을 엮어라.

잊지 말아라, 마지막 과꽃들도,

야생 포도 덩굴 주위의 보랏빛,

그리고 또한 녹색 삶으로부터 남은 것들도

가을의 얼굴 속에 엮어라.

외국어로 쓴 시를 번역하는 것은 어려운 일을 넘어서서 거의 불가능한 일에 가깝다. 시에서는 내용 못지않게 운율과 같은 음악적 요소가 중요한데, 운율은 언어에 따라 완전히 다른 성격을 가지고 있으며 이를 다른 언어로 옮기는 것은 매우 어렵기 때문이다. 한국어로 쓴 시에서 운율은 음절의 수, 즉 모음 수로써 만들어진다. 글자마다 모음이 하나씩 들어가는 한글의 경우, 글자 수로 볼 수 있다. 우리가 시조의 운율을 글자 수로 기억하는 것은 이 때문이다.

반면 독일어에서는 음절의 수뿐만 아니라 강세로써 시의 운율이 만들어진다. 따라서 독일어 운율을 강세가 별 의미 없는 한국어로 옮기는 것은 불가능하다. 그 결과, 독일

시를 한국어로 번역할 때는 내용을 한국어로 옮기고 시처럼 보이도록 적당히 한국어로 운율을 만들어놓는 것 이상을 하기 어렵다. 이러한 번역의 문제는 위의 시처럼 특히 운율이 중요한 시를 옮길 때 큰 골칫거리가 된다. 이 시가 가진 아름다움의 상당부분은 운율로 인해 생겨나는데, 운율이 사라져버리고 나면 우리는 그 내용만을 감상할 수밖에 없기 때문이다.

게다가 게오르게는 시에 시각적 아름다움을 부여하기 위해 자신만의 글꼴을 만들어 사용했으며, 문법 규칙을 어기고 문장의 첫 글자와 명사의 첫 글자를 모두 소문자로 인쇄했다. 심지어 구두점 역시 변형하여 사용했으니, 그의 시에서 마침표는 모두 중간점으로 대체되었다. 이처럼 독특한 시가 주는 시각적 인상을 한글로 어떻게 재현할 것인가?

다행히도 지금 우리에게 중요한 것은 이 시의 운율이 아니라 시의 내용이니, 이 시를 번역된 상태로 읽어도 문제될 것은 없다. 한번 차근차근 살펴보기로 하자.

'자연'이 아닌 '문명'에서 아름다움을 찾다

먼저 시의 제일 첫 구절인 "죽었다고들 말하는 공원"은 뒤의 내용으로 미루어 짐작할 때 늦가을의 공원을 뜻하는 것으로 보인다. 늦가을은 단풍 든 나뭇잎들이 마지막 생명을 다하고 떨어져 낙엽이 되는 때다. 그리고 시적 자아는 바로 이 시기에 공원에 와야 진정한 아름다움을 발견할 수 있다고 말한다.

그런데 이는 사실 조금 이상한 말이다. 보통 자연의 아름다움은 생명력이 피어나는, 또 많은 꽃들이 피어나는 봄이나, 녹색의 생명력이 절정에 달한 여름, 그리고 나무들이 화려한 단풍으로 물드는 가을에 관찰할 수 있다. 그런데 시적 자아는 그 나뭇잎이 다 떨어져가는 겨울 직전의 공원에서 아름다움을 느낄 수 있다고 말하며, 그 아름다움을 단풍의 화려함과는 거리가 먼 색들로 묘사하고 있다.

이 시에 등장하는 색은 독일 가을의 단풍을 대표하는 황금빛이나 화려한 우리의 단풍을 뜻하는 울긋불긋한 색이 아니다. 시적 자아의 머릿속에서는 밝고 화려한 색과 빛은 존재하지 않는 것 같아 보인다. 늦가을의 아름다움을 묘사하는 색은 "멀리 미소 짓는 물가의 흐린 빛", "순수한 구름의 예기치 못한 푸른 빛", 그리고 하얀색, 회색, 파란색 등 무채색에 가까운 차갑고 어두운 색들뿐이다.

단지 "연못과 여러 색 오솔길"의 "여러 색"에서 화려한 단풍의 흔적을 찾아볼 수 있지만, 이는 이미 나무에서 떨어져 연못 위나 오솔길 위에 나뒹구는 썩기 직전의, 화사함을 잃은 단풍잎들이다. 그리고 바로 이러한 색을 가진 늦가을의 "때늦은 장미", "마지막 과꽃", 그리고 죽음의 색인 "보랏빛", 즉 생명력이 넘치던 한여름 "녹색 삶으로부터 남은 것들", 죽어가는 것들로 "화환"을 엮으면 바로 진정한 아름다움이 완성된다. 시적 자아에게 아름다움이란 죽기 직전의 것, 생명력을 상실해가는 것들에게서 나온다.

이 기이한 시가 발표된 것은 1897년으로 세기말의 정서가 절정에 달했던 시점이었다. 앞서 설명한 자연적 생명력/성과 문명의 대립관계에서 새롭게 발견한 '성'이 아니라 생명력을 잃고 몰락해가는 문명에 대한 관심이 더욱 커지기 시작하던 시점이기도 했다. 이에 따라 시집의 제목도 자연적 생명력/성과 반대되는 개념인, 정신과 영혼을 뜻하는 '젤레Seele'가 중심을 이루는 『정신의 해Das Jahr der Seele』였다. 육체나 자연의 해가 아니라 정신의 해. 이는 세기말적 맥락을 생각해볼 때 시인 게오르게가 무엇에서 자신의 미적 가치를 찾고 있는지 분명하게 보여준다.

게오르게는 베르터처럼 자연에서 이상적인 아름다움을 찾는 것이 아니라, 그 정반대인 문명, 자연적 생명력이 배제된 것들(죽어가는 나뭇잎과 꽃들)로 만들어진 인위적인 것(화환) 속에서 아름다움을 찾고 있는 것이다. 이런 점에서 「죽었다고들 말하는 공원으로 오라 그리고 보라」는 그러한 미적, 시학적 원칙, 즉 우리가 흔히 유미주의라 부르는 시학적 경향의 선언으로 읽힌다.

유미주의 문학의 특징을 보여주는 또 다른 대표적인 시는 펠릭스 되어만Felix Dörmann의 「내가 사랑하는 것Was ich liebe」(1892)이다.

나는 부산하고 날씬하며 피처럼 빨간

입을 가진 수선화(나르시스)를 사랑한다.

나는 가슴을 찌르고 상처 주는

고통스런 생각을 사랑한다.

나는 창백하고 핏기 없는 여인들,

소모적인 감각의 열정이 불타오르며 드러나는

지친 얼굴을 가진 여인들을 사랑한다.

나는 현란한 색깔의 뱀들을 사랑한다.

너무나 유연하고 부드러우며 차가운

나는 비탄과 두려움이 담긴

죽음의 느낌을 담은 노래들을 사랑한다.

나는 그 어떤 광물보다도

심장이 없는 녹색의 에메랄드를 사랑한다.

나는 푸르른 달빛 속의

노란 언덕을 사랑한다.

나는 뜨거운 열기를 가득 담은

매혹적이고 무거운 향기를 사랑한다.

번개에 그을린 구름과

격노한 회색 바다를 사랑한다.

나는 아무도 찾지 않는 것,

그 누구의 호의도 얻지 못한 것을 사랑한다.

나 자신의 너무나도 순수하지 못한 존재와

진기하고 병든 모든 것들을

유미주의의 시학적 경향을 설명할 때마다 이 시가 인용되는 것은 마지막 행 때문이다. 게오르게의 시에서와 마찬가지로 "병든 모든 것들", 죽어가는 것들, 생명력을 잃어가는 것들에 대한 사랑이야말로 유미주의를 특징짓는 가장 중요한 요소이기 때문이다. 또한 "심장이 없는 녹색의 에메랄드"에 대한 사랑 역시 의미심장하다. 병과 생명력 상실의 최종적인 형태는 죽음이며, 따라서 애초부터 생명이 없는 무생물이야말로 결과적으로 가장 아름다운 것이 될 수밖에 없다. 그리고 "심장이 없는 녹색의 에메랄드", 즉 보석은 생명이 없는 아름다운 무생물로서 유미주의적 아름다움의 상징이 된다.

그러나 이때 오해해서는 안 되는 것이 있다. 유미주의자들이 생명력이 없는 것들을 사랑한 이유는 그것이 단지 죽어가고 있거나 죽어 있기 때문이 아니다. 그들이 추구하는 극단적으로 문명화된 삶이라는 것이 자연의 반대개념으로서, 발달하면 발달할수록 생명력을 상실하는 성질을 가진 것이기 때문이다. 유미주의자들은 극단적인 문명의 발달을 추구하며, 이는 생명과 성을 뜻하는 자연과 문명의 대립을 토대로 하는 이원론적 세계관 속에서의 생명력 상실, 죽음의 추구를 의미할 수밖에 없었다.

본질보다 미적 가치를!

이러한 세계관과 미학적 원칙이 어떠한 문학적 결과를 가져오는지는, 예를 들면 에두아르트 폰 카이절링Eduard von Keyserling의 소설 『하모니Harmonie』가 잘 보여준다. 토마스 만, 베데킨트 등과 함께 뮌헨에서 활동하던 귀족 출신의 작가 카이절링은 1903년에 발표한 장편소설 『베아테와 마라일레Beate und Mareile』 이후 여러 소설들을 통해 몰락해가는 귀족들의 유미주의적 삶을 묘사한 작가로 널리 알려졌다.

『하모니』는 1905년에 발표된 단편소설로, 이 소설에서 카이절링은 극단적으로 문명화된 삶을 살아가는 귀족부인 안네마리의 삶을 남편 펠릭스의 시선에서 묘사하고 있다. 소설 초반에는 안네마리의 성격을 규정하는 여러 묘사와 사건들이 등장한다. 이때 눈에 띄는 것은 우선 안네마리의 무성無性적 성격이다. 안네마리는 펠릭스와 결혼하던 당시에 이미 나이와 무관하게 "작고 뾰족한 가슴을 가진", "아직 반쯤은 어린 아이"로 묘사된다.

어린아이 여인을 뜻하는 '팜므 앙팡'은 19세기 말의 맥락에서 성적 매력이 결여된 여인으로서, 문명화의 결과로 성적 능력과 생명력을 상실한 전형적인 인물 유형이다. 따라서 안네마리가 결혼 후 아이를 사산하고 신경쇠약에 걸린 것은 쉽게 이해할 수 있는 일이다. 자신의 생명력조차 고갈되어가는 인물이 새로운 생명을 낳거나, 새로운 생명을 낳고 무사한 일은 있을 수 없다.

소설은 멀리 여행을 떠났던 펠릭스가 안네마리가 요양소에서 돌아왔다는 소식을 듣고 집으로 돌아오던 날 밤에 시작된다. 펠릭스는 오랜만에 재회한 아내에게서 그녀가 얼마나 확고하게 삶을 자기 자신에 맞게 이끌어가는지, 얼마나 확고하게 자신에게 맞지 않는 것들을 조용히 거부하고 자신이 원하는 대로 삶을 이끌어나가는지 다시 한 번 깨닫는다.

"고마운데, 나한테는 맞지 않아."

이 말과 함께 안네마리는 자신의 까다롭기 그지없는 미적 취향에 맞지 않는 모든 것들을 거절한다. 그리고 삶의 가장 훌륭한 것이 자신들에게 지정되어 있다고 확신하는 귀족 가문의 마지막 자손으로서 자신의 유미주의적 삶을 단호하고도 엄격하게 관철해나간다. 예를 들어 안네마리는 펠릭스를 만나겠다고 찾아온 손님을 거절하는데, 그 이유는 그의 손이 축축하고 소매에 단추를 달고 다니기 때문이다. 이는 손님이 찾아온 이유보다도 자신의 미적 취향을 더 중요하게 생각하는 안네마리의 성격을 잘 보여준다.

그리고 이처럼 사물이나 사건의 본질적인 성격과 목적보다 그것의 미적 가치를 더 중요하게 생각하는 것은 유미주의적 삶을 살아가는 이들의 공통된 특징이다. 식사를 할 때에도 식욕을 충족시키는 것보다 얼마나 아름답게 차려진 식탁에서 얼마나 우아한 방식으로 식사를 하는지가 더 중요하고, 하인을 고용할 때에도 일을 얼마나 잘하는지가 아니라 그의 외모와 태도가 자신의 미적 가치에 반하지 않는가를 먼저 확인한다.

죽음으로 완성한 유미주의적 삶

이러한 유미주의자의 태도는 삶을 까다로운 '양식'으로 만들어버린다. 배가 고프니 밥을 대충 후다닥 먹어치운다든지, 화가 나서 소리를 지른다든지, 슬퍼서 눈물을 흘리며

운다든지, 말을 타고 싶으니 입고 있던 옷을 그대로 입은 채 바로 마구간으로 간다든지 하는 일은 일어날 수 없다. 모든 일은 정해진 양식에 따라 아름답게 이뤄져야 하며, 모든 감정은 절제된 인위적 형태로, 즉 예술적 형태로 표현되어야 한다. 참고로, '인위적인'을 뜻하는 독일어 künstlich와 '예술적인'을 뜻하는 künstlerisch는 모두 '사람이 만든 것'을 뜻하는 Kunst를 어원으로 한다. Kunst는 예술을 뜻하기도 한다.

유미주의적 삶을 대변하는 인물로서 안네마리의 이러한 성격이 가장 잘 드러나는 것은 다음과 같은 장면이다. 집으로 돌아온 펠릭스에게 안네마리는 다음과 같이 해야 할 일들을 지시해준다.

"자기야, 오전에는 영지를 둘러보는 게 좋을 것 같아. 커다란 회색 펠트 모자를 쓰고, 무릎까지 오는 장화를 신고 말이야. 창문 옆을 지날 땐 큰 목소리로 얘기해줘. 뭐 누군가를 혼내도 좋고. 자기 목소리를 들으면 기분이 좋을 거야. 그러고 나서는 우리한테로 와."

안네마리는 펠릭스가 무언가 구체적인 목적을 위해 어떤 일을 하기를 바라는 것이 아니다. 그녀가 원하는 것은 펠릭스가 자신의 존재와 복장, 행동, 목소리 등으로 자신의 취향에 맞는 '장면'을 만들어내는 것이다. 심지어 안네마리는 자연까지도 자신의 미적 시스템 안으로 끌어들이고자 한다.

"오늘은 가재 수프, 멧도요새와 파인애플 빵이 나오고 샴페인을 마실 거고, 나중에 노을이 질 때 파란색 방에서 자기가 낯선 곳에 대한 이야기를 해줄 거고. 그러면 나이팅게일이 노래할 거야. 우리는 창문을 열고 귀를 기울이고. 오늘은 그렇게 보낼 거야."

저녁식사 메뉴와 그 이후에 무슨 이야기를 할 것인지는 물론 인위적으로 정할 수 있다. 그러나 안네마리는 노을과 나이팅게일, 즉 자연의 일부까지 자신의 유미주의적 삶 안으로 편입시키고자 한다.

그러나 안네마리와는 달리 자연적 욕망을 가지고 있는 남편 펠릭스는 그녀가 만든 유미주의적 세계 속에서 살아갈 수 없다. 양식화된 유미주의적 삶은 그에게 부자연스럽고 고통스러울 뿐이다. 결국 펠릭스는 한편으로는 폭력적으로 자연적 욕망을 따를 것을 안네마리에게 강요하고, 다른 한편으로는 문명화가 덜 된 시민계급 아가씨와 육체적 사랑을 나눈다. 안네마리는 이 모든 일들을 도도하게 견뎌내며 자신의 유미주의적 삶을 마지막 순간까지 지켜낸다.

그러나 오래지 않아 안네마리는 스스로 목숨을 끊게 되는데, 이는 베르터의 경우처럼 절망에서 기인한 행동이 아니다. 죽음은 자연적 생명력의 절멸을 의미한다는 점에서 유미주의적 삶의 정점이라 할 수 있다. 게오르게가 늦가을, 생명력이 고갈되어가는 공원에서 아름다움을 찾고, 되어만이 병들고 죽어가는 것을 사랑하듯, 안네마리는 스스로 죽음을 택함으로써 유미주의적 삶을 완성한다. 그리고 이는 하얀 옷을 입은 안네마리가 하얀 달빛 아래 정원을 가로질러 달빛이 비치는 연못 속으로 걸어 들어가는 섬뜩하고 아름다운 장면을 통해 상징적으로 묘사된다.

애초부터 "그늘에서 피어난 꽃잎처럼 창백"하고 병약한 안네마리는 늘 바로 곁에 있던 죽음의 세계로 한 걸음 건너감으로써 자연적 생명력이 결여된 유미주의적 아름다움을 극적으로 실현한다.

삶은 더 이상 아름답지 못하다

당대에 흔히 '삶'이라 칭해지던 자연적 생명력과 유미주의적 삶 사이의 이와 같은 대립적 관계는 호프만스탈이 슈니츨러에게 보낸 다음 편지에서도 잘 드러난다.

친애하는 아르투어!

아름다움과 삶! 삶이란 우리가 내적으로 나태한 바로 그 순간에, 사실은 살고 있지 않을 때 특히 더 우리의 마음에 들고, 또 우리는 바로 그럴 때 그것이 어떤 모습이며 어떤 맛이 나는지 아주 정확하게 알게 된다는 생각이 든 적이 없는지요? 당신의 편지가, 이 두 개의 커다란 단어를 담은 그 "유쾌한" 편지가 도착했을 때, 내가 정말로 식탁에 앉아 식사를 해서 이제 내 앞에, 식욕 떨어지는 현실 속에 게 껍질, 닭 뼈, 살구 씨 같은 것들이 놓여 있는 것 같다는 생각이 살짝 들었습니다. (…) 하지만 당신은 붉은 대하와 황금빛 도는 붉은 포도와 화려한 칠면조가 있는 너무나 아름다운 정물화 앞에 앉아 계십니다. 그것들을 먹기 위해서는 쥐어뜯고, 삶고, 껍질을 벗기고, 썰고, 또 씹어야 하지요. 그러고 나면 더 이상 아름다운 것은 아무것도 없습니다! 하지만 그것은 먹기 위해 존재하는 것이지 보기 위해 존재하는 것이 아닙니다. 그것-바로 '삶' 말입니다. (…) (1893. 9. 9)

이 편지는 이탈리아를 여행하던 슈니츨러가 호프만스탈에게 보낸 편지(1893. 8. 24)에 대한 답장이다. 슈니츨러는 이 편지에서 자신이 머물고 있던 작은 마을의 풍경을 묘사한 후, 각각의 풍경에 "아름다움", 혹은 "삶"이라고 괄호 안에 적어 넣었는데, 호프만스탈은 이 '두 개의 커다란 단어'에 강렬한 인상을 받아 위와 같은 편지를 썼다. 이 편지에서 호프만스탈은 유미주의적 삶의 성격과 그것이 가진 딜레마를 음식 비유를 통해 정확하게 보여준다.

식사의 본질은 식욕의 충족과 영양 섭취다. 식사의 절차, 음식의 모양새나 차림새는 식사의 본질에 속하지 않으며, 부수적이고 장식적인 요소에 지나지 않는다. 그러나 이 편지를 쓰고 있는 젊은 호프만스탈에게 음식의 미적 가치는 이보다 훨씬 더 큰 것으로 보인다. 그의 식탁에 차려진 음식은 식욕을 충족시켜주는 수단인 동시에 "아름다운 정물화", 즉 음식의 본질적 역할 및 가치와 관계없는 독립적인 미적 가치를 지닌 감상의 대상이다.

이처럼 미적 가치를 본질적인 가치만큼, 혹은 그보다 더 큰 것으로 이해하는 호프만스탈에게 식사는 해결하기 어려운 딜레마다. 음식의 미적 가치는 음식을 먹는 순간 파괴되며, 반대로 음식의 미적 가치를 지키기 위해 음식을 먹지 않는 경우에는 음식의 존재 의미가 사라져버리기 때문이다. 아마도 SNS에 음식 사진을 자주 올리는 독자라면 이러한 상황을 더 잘 이해할 수 있을지도 모르겠다. 사진 찍는 것을 깜빡 잊고 몇 숟가락을 먹어버리고 나면 예쁜 사진은 더 이상 찍을 수 없으니 말이다.

미적 가치와 본질적 가치의 충돌로 생겨나는 이러한 딜레마는 호프만스탈에게서 인간 삶에도 똑같이 존재하는 문제다. 음식이 먹기 위해 존재하듯, 삶이란 본질적으로 살기 위해 존재하는 것이지만, 살아가는 순간 삶은 더 이상 아름답지 못하다. 이러한 지극히 유미주의적인 삶의 이해는 필연적으로 멜랑콜리를 동반한다. 미적 가치의 절대화는 음식을 먹을 수 없는 것으로 만들 뿐만 아니라 삶을 살아갈 수 없는 것으로 만들지만, 미적 가치를 절대화하는 유미주의적 삶을 살아가는 자는 그 사실을 알면서도 다른 방식의 삶을 선택할 수 없기 때문이다.

빈 모더니즘 문학의 전성기를 이끈 호프만스탈

단 몇 개의 문장으로 유미주의의 핵심을 멋지게 정리한 호프만스탈은 1874년 오스트리아 빈의 부유한 시민가정에서 태어났다. 기독교로 개종한 유대인이었던 호프만스탈의 부모는 그에게 어려서부터 높은 수준의 교육을 받도록 했으며, 그 결과 호프만스탈은 18세가 되기까지 독일문학의 고전은 물론이고 그리스 고전, 프랑스 문학, 영국 문학, 이탈리아 문학, 스페인 문학 등을 모두 원어로 섭렵했다.

그가 살던 시기의 빈은 합스부르크 왕가가 지배하던 오스트리아-헝가리 이중제국의 수도였지만 오늘날과 마찬가지로 그렇게 큰 도시는 아니었다. 오늘날도 인구가 200만이 채 되지 못한다. 그러나 19세기에서 20세기로 넘어가던 시점에는 다양한 예술과 철학 분야에서 뛰어난 인물들을 연이어 배출함으로써 오늘날 이 시기의 빈을 따로 떼어 '빈 모더니즘'이라 이름 붙일 만큼 문화적 전성기를 누렸다.

후고 폰 호프만스탈(1874~1929)

화가 클림트, 12음계를 창안한 현대 음악의 아버지로 불리는 아르놀트 쇤베르크, 유겐트슈틸 건축의 대가 오토 바그너, 장식의 배제로 현대 건축의 토대를 닦은 인물 중 한 명인 아돌프 로스, 물리학자이자 철학자인 에른스트 마흐, 언어철학자 루트비히 비트겐슈타인, 정신분석학자 프로이트 등의 인물들이 세기전환기에 빈에서 활동했으며, 문학에서도 호프만스탈 외에 슈니츨러, 슈테판 츠바이크Stefan Zweig, 리하르트 베어–호프만Richard Beer-Hofmann, 페터 알텐베르크Peter Altenberg, 잘텐, 헤르만 바르Hermann Bahr, 레오폴트 안드리안Leopold Andrian 등 뛰어난 젊은 작가들이 동시에 주목할 만한 작품들을 발표했다.

이러한 문화적 배경 속에 당시 고등학생이던 호프만스탈은 1890년에 첫 시를 당시 문학잡지를 발간하던 바르에게 보냈다. 그리고 츠바이크는 바르가 호프만스탈과의 첫 만남 때 받았다는 인상을 다음과 같이 기록하고 있다.

헤르만 바르는 '로리스'라는 미지의 인물이 자신이 발행하는 잡지에 기고한 원고를 받았을 때 느낀 놀라움에 대해 내게 자주 얘기하곤 했다. 바르는 전 세계에서 기고를 받아왔

빈의 한 김나지움에 있는 호프만스탈, 베어-호프만, 슈니츨러, 알텐베르크의 명패.
이들은 모두 같은 김나지움 출신이었다.

지만, 그렇게 경쾌하고 고상한 언어로, 그렇게 깊이 있고 풍
성한 생각을, 그렇게 쉽게 적어 내려간 글은 받아본 적이 없
었다. '로리스'가 누구지? 이 미지의 사내는 누구지? 라고 바
르는 생각했다. 틀림없이 나이가 지긋하게 든 사람일 거야.
오랜 세월 동안 조용히 자신의 성찰을 끄집어내고, 비밀스
러운 은둔 생활을 하며 언어의 가장 숭고한 정수를 거의 관
능적인 마법이라 할 만한 수준까지 갈고 닦았겠지. 그런데
그런 현자가, 이런 재능을 가진 시인이 바로 이 도시에 살고
있다니! 내가 그 사람에 대해 들어본 적조차 없다니! 바르는

즉시 그 미지의 인물에게 편지를 썼고, 젊은 문학의 본부 역할을 했던 한 카페에서 — 유명한 '카페 그리엔슈타이들' — 만나기로 약속을 잡았다. 약속한 날, 갑자기 가볍고 빠른 걸음으로 아직 수염도 나지 않은 고등학생이, 청소년들이 입는 짧은 바지를 입고 그가 앉아 있던 탁자로 다가왔다. 그는 고개를 숙여 인사를 하고는 아직 변성기가 완전히 끝나지 않은 높은 톤의 목소리로 짧고 단호하게 말했다. '호프만스탈입니다. 제가 로리스예요.'

인문계 중·고등학교에 해당하는 독일어권 학교인 당시 김나지움에서는 학생들이 자신의 이름으로 글을 발표하는 것을 금지하고 있었다. 그래서 필명을 사용한 것이다.

아무튼 이렇게 혜성같이 나타난 어린 작가는 희곡『티치아노의 죽음Der Tod des Tizian』(1892),『바보와 죽음Der Tor und der Tod』(1893),『엘렉트라Electra』(1904, 오페라 버전은 1908),『예더만Jedermann』(1911), 그리고 산문「편지Ein Brief」(1902), 오페라 원작『장미의 기사Der Rosenkavalier』(1911, 슈트라우스 음악),『그림자 없는 여인Die Frau ohne Schatten』(1919, 슈트라우스 음악) 등 뛰어난 희곡과 산문들을 연이어 발표하며 당시 빈의 많은 젊

은 작가들과 함께 빈 모더니즘 문학의 전성기를 이끌어나
갔다.

　지금쯤이면 '이렇게 유명한 작가인데 왜 그렇게 이름이
생소할까?'라는 질문을 떠올릴 독자들이 적지 않을 것이다.
물론 오페라를 좋아하는 독자라면 리하르트 슈트라우스의
오페라 〈장미의 기사〉, 〈엘렉트라〉 등의 원작자로 이름을
알고 있을 수도 있겠지만, 안타깝게도 호프만스탈은 우리
에게 유럽에서의 명성만큼 잘 알려져 있지 않다. 이는 그의
작품들이 많이 번역되지 않았기 때문이다. 즉 현재 구입 가
능한 번역본은 한 권도 없다. 번역이 많이 되지 않은 이유는
그의 작품들이 대부분 희곡이며, 번역 후에 작품의 매력이
대폭 사라질 만큼 언어예술로서의 비중이 높기 때문이다.

마침내 암호 같은
문장을 해독하다

탐미적 인간의 전형을 그리다

지금까지 우리는 작품 해석을 위해 19세기 말의 시대적 상황과 문화사적, 문학사적 맥락을 살펴보았다. 이제 이 수수께끼 같은 작품에 대한 이야기로 돌아갈 때가 되었다. 도대체 이 빈약한 줄거리의 소설이 말하고자 하는 바는 무엇일까? 차근차근 줄거리를 따라가며 해석해보도록 하자. 독자 여러분은 잠시 독서를 멈추고 지금까지 알게 된 내용만 가지고 작품을 나름대로 해석해본 후, 아래 내용을 읽어보며 자신의 해석과 비교해보는 것도 재미있을 것 같다.

「672번째 밤의 동화」는 오스카 와일드의 작품 『도리언 그레이의 초상The Picture of Dorian Gray』(1890)과 함께 유럽 유미주의 문학의 전범으로 일컬어지는 조리스-카를 위스망스 Joris-Karl Huysmans의 소설 『거꾸로À rebours』(1884)의 영향하에 쓰였다. 특히 일찍 부모를 여읜 부유한 청년이 방탕한 생활에 신물을 느끼고 자신의 저택에서 특별히 선별된 소수의 하인들과 칩거하며 집안을 꾸미는 일에 몰두한다는 기본설정에서 두 소설은 거의 동일하다. 그러나 『거꾸로』와의 연관성을 가장 분명하게 보여주는 것은 「672번째 밤의 동화」의 주인공인 젊은 상인의 아들이 체현하고 있는 유미주의적 삶의 양식이다. 이는 우선 그의 인간관계, 특히 여성과의 관계에서 잘 드러난다.

그는 친구를 중요하게 생각하지 않았고, 그 어떤 여성의 아름다움도 항상 곁에 두고 싶다거나 항상 곁에 두고 있는 것을 견딜 수 있을 것이란 생각이 들 만큼 그를 사로잡지 못했기 때문에 그는 점차 상당히 고독한 삶을 살게 되었으며, 그것이 그의 천성에도 가장 잘 맞는 것 같았다.

이 짧은 인용문에서 눈에 띄는 것은 첫째, 그가 결혼, 그리고 그와 더불어 성적인 욕망의 실현 가능성에 전혀 관심을 두고 있지 않다는 것이다. 그리고 둘째, 그 이유가 그만큼 그를 사로잡는 "여성의 아름다움"을 발견하지 못했기 때문이라는 사실이다. 이는 앞서 살펴본 자연적 본성과 문명을 대립적인 것으로 이해하는 19세기 말의 인간관에서 젊은 상인의 아들이 자연적 본성으로부터 멀리 떨어져 있는 문명화된 인간, 혹은 유미주의적 인간의 전형임을 암시해준다.

주인공의 이러한 성격은 집을 꾸미는 과정에서도 잘 나타난다. 젊은 상인의 아들은 『거꾸로』의 주인공 데 제생트와 마찬가지로 섬세한 감수성으로 집을 꾸며나가는데, 그는 이때 "융단, 직물, 비단, 그리고 조각을 하거나 판자를 댄 벽, 금속으로 된 촛대와 대야, 유리와 점토로 된 용기 같은 것의 아름다움", 즉 자연 속에 존재하는 대상이 아니라 인간에 의해 만들어진 것들의 아름다움에 매료된다. 물론 그는 "돌고래들, 사자들과 튤립들, 진주와 아칸서스" 등 동물과 식물의 형상과 색상에서도 "위대하고 심오한 아름다움"을 발견하지만, 이때 "돌고래들, 사자들과 튤립들, 진주와 아칸서스"라는 이름이 지시하는 것은 실제 자연 속에 존재하는 동물과 식물이 아니라 그를 둘러싼 가재도구들을 장식하고 있는 문양의 형상과 색상일 뿐이다.

이러한 미적 취향은 한편으로는 젊은 상인의 아들을 규정짓는 '자연으로부터의 거리'를 다시 한 번 드러내주기도 하지만, 다른 한편으로는 사물의 미적 가치를 절대화함으로써 사물의 실존과 본질을 소외시키는 유미주의 미적 인식의 성격을 보여주고 있기도 하다. 젊은 상인의 아들 관점에서 촛대와 대야는 더 이상 초를 꽂거나 물을 담아두는 본질적인 기능이 아니라 그것의 아름다움을 통해 규정되며, "돌고래들, 사자들과 튤립들, 진주와 아칸서스" 역시 자연속에 존재하는 실체가 아니라 그들을 예술적으로 재현한 아름다운 장식으로서만 존재한다.

소설 앞뒤에 등장함으로써 소설의 구조적 완성도를 높이는 데 중요한 역할을 하는 '죽음'의 모티프에서도 미적 가치와 본질적 실재 사이의 괴리가 나타난다. 주인공인 젊은 상인의 아들은 종종 오랫동안 "죽음에 대한 생각"에 매달린다. 그러나 그는 두려움 때문에 죽음에 대해 생각하는 것이 아니다. "몸에 아무런 병이 없는" 상인의 아들은 죽음을 두려워해야 할 이유가 없으며, 그가 죽음에 대해 생각하는 것은 오히려 자신의 부와 현명함, 젊음의 아름다움에 대해 큰 자부심을 느낄 때다. 그는 거울 속 자신의 모습에 자부심을 느끼며 다음과 같이 생각한다.

> 그는 이렇게 말해보았다: "네가 죽어야 할 곳으로 네 발이 너를 데려간다." 그러자 그는 마치 사냥을 하다 길을 잃은 왕처럼 미지의 숲속에서, 기이한 나무들 아래로 낯설고도 놀라운 운명을 향해 가는 자신의 모습이 보였다. 그는 이렇게 말해보았다: "집이 완성되면 죽음이 찾아온다." 그러자 죽음이 삶의 놀라운 전리품들을 가득 품고 날개 달린 사자들이 받치고 있는 궁전, 즉 완성된 집의 다리를 지나 천천히 이리로 올라오는 것이 보였다.

상인의 아들에게서 죽음은 생명의 절멸을 뜻하는 현실적 죽음이 아니다. 그에게 죽음은 삶에 동화 같은 신비함을 부여하는 "낯설고도 놀라운 운명"이며, "날개 달린 사자들이 받치고 있는 궁전 (…) 다리를 지나" 찾아오는 낭만적 손님이다. 여성으로부터 가재도구와 동식물에 이르기까지 자신을 둘러싼 모든 것들을 오로지 미적 관점에서만 바라보는 주인공에게는 죽음조차 본래 성질을 상실하고 미적 관조의 대상이 되어버리고 만다.

유미주의적 삶과 하인들

삶의 자연적 본질을 배제하고 오로지 미적 가치만을 찾는 젊은 상인의 아들의 삶은 몇 가지 필수불가결한 조건들을 전제로 한다. 일상생활, 더 나아가 생물학적 삶을 유지하기 위한 행위는 현실적인 목적에 종속되어 있다는 점에서, 또 육체적인 노동을 전제로 하고 있다는 점에서 미적 영역에 포함될 수 없다. 따라서 그 어떤 목적에도 종사하지 않으며 오로지 아름다움을 찾는 유미주의적 삶을 살아가기 위해서는 경제적인 문제와 일상의 노동 문제가 먼저 해결되어야만 한다.

이 가운데 경제적인 문제는 어려움을 야기하지 않는다. 자세하게 서술되지는 않지만 소설 속에 묘사되는 정황들, 예컨대 네 명의 하인들을 고용할 수 있으며, 직업을 갖지 않고도 부유한 삶을 영위할 수 있다는 사실들로부터 주인공이 상인이었던 아버지에게서 많은 재산을 물려받았으리라는 추측을 할 수 있기 때문이다. 그러나 일상생활 문제는 단순히 돈만으로는 해결될 수 없다. 누군가 일상생활의 노동을 대신해줄 사람들이 필요하기 때문이다. 이 문제를 젊은 상인의 아들은 세 명의 하녀와 한 명의 하인을 통해 해결한다.

『거꾸로』의 주인공 데 제생트 역시 하녀와 하인들을 통해 유미주의적 삶을 유지할 수 있는 조건을 만든다. 그런데 데 제생트는 칩거를 시작하면서, 그에게 매우 익숙하며 집안일을 잘 알고 있어 자신들의 존재를 드러내지 않고도 필요한 일을 해낼 수 있는 늙은 부부만을 남겨놓고 다른 하녀와 하인들은 모두 내보낸다. 이는 하인들이 유미주의적 삶의 전제조건이면서 동시에 방해되는 요인이기도 하다는 사실을 잘 보여준다.

앞서 슈니츨러의 희곡『라이겐』에서 살펴본 것처럼 신분과 문명화의 정도는 밀접한 관계를 가지고 있다. 사회적 신분이 높은 집단일수록 문명화의 정도 역시 높아 자연적 본성으로부터 멀어지고, 신분이 낮은 집단은 문명화 정도가 낮아 자연적 본성에 더 가까운 삶을 살아갈 가능성이 높다. 이러한 관점에서 사회 하층민인 데 제생트의 하인들은 비록 극도로 문명화된 공간에서 함께 생활하지만, 기본적으로 유미주의적인 삶과는 거리가 먼, 자연적 본성을 간직하고 있는 사람들이다.

따라서 최대한 유미주의적 이상과 가까운 삶의 조건을 만들고자 하는, 즉 모든 자연적 요소들을 배제하고자 하는 데 제생트에게 하녀와 하인들은 필수불가결하면서도 가능한 한 배제해야만 하는 존재들이다. 그가 다른 모든 하인들을 내보내고, 가장 존재감을 드러내지 않는 늙은 부부만을 남겨놓는 것은 바로 이러한 이유 때문이다.

젊은 상인의 아들 역시 데 제생트와 동일한 문제를 가지고 있다. 그리고 그 역시 칩거를 시작하면서 하인과 하녀를 모두 내보내고, "충직함과 사람 됨됨이 전체가" 그의 마음에 드는 네 명만을 남겨둠으로써 문제를 해결한다. 이 중 늙은 하녀는 데 제생트의 늙은 하인 부부처럼 오랫동안 그의 집에서 일했기 때문에 그 존재가 두드러지지 않는 익숙한 인물이다. 또한 그녀가 "그가 그리워하고 사랑하는 어머니의 목소리와 유년시절"을 기억나도록 만든다는 것도 젊은 상인의 아들이 늙은 하녀를 곁에 둔 직접적인 이유 중 하나다.

그러나 유미주의적 맥락에서 늙은 하녀가 남게 된 중요

한 이유는 그녀가 죽음과 가까운 인물이기도 하다는 사실이다. "노년의 차가움", 그리고 "하얀 얼굴과 하얀 손"으로 상징되는 죽음과의 근친성은 그녀의 나이뿐만 아니라, 젊은 상인의 아들 보모이기도 했던 그녀의 딸과 다른 자식들이 이미 죽었다는 사실로써도 강조된다. 늙은 하녀가 죽음에 가깝다는 것은 물론 그녀가 문명화된 삶의 영역에 속한다는 것을 의미하지는 않는다. 하지만 죽음이 자연적 생명력의 고갈을 의미한다는 점에서 늙은 하녀는 자연적 생명력으로부터 상대적으로 멀리 떨어진 존재이며, 따라서 그녀는 모든 자연적인 것들을 배제하고자 하는 젊은 유미주의자에게 다른 하녀와 하인들에 비해 견디기 쉬운 인물이다.

늙은 하녀와 달리 젊은 하녀는 그녀가 가진 고유한 속성 때문에 주인공의 집에 머무르게 되었다기보다는, 젊은 상인의 아들이 그녀를, "사람들이 그다지 아름답다고 생각하지 않는" 외모였음에도 불구하고, 미적 감상의 대상으로 만듦으로써 자신의 삶에 편입시키는 것처럼 보인다. 이는 그가 거울 속에 비친 젊은 하녀의 모습을 감상하는 장면에서 특히 잘 드러난다.

한 번은 나이가 위인 하녀의 모습을 기울어진 거울 안에서 본 일이 있었다. 그녀는 높이가 더 높은 옆방을 가로질러 가고 있었다. 그러나 거울 속에서는 안쪽으로부터 그를 향해 걸어왔다. 그녀는 천천히 애를 쓰며, 하지만 꼿꼿한 자세로 걸어오고 있었다. 그녀는 양쪽 팔에 청동으로 된 무겁고도 마른 검은색 인도 여신상을 하나씩 안고 있었다. 그녀는 여신상의 장식된 발을 손바닥으로 받쳐 들고 있었는데, 검은색 여신상들은 그녀의 허리에서 관자놀이까지 닿아서, 죽은 물체의 무게로 그녀의 살아 있는 가녀린 어깨에 기대고 있었다. (…) 사실 그녀는 여신상들을 힘들고 엄숙하게 나르고 있는 것 같아 보이지는 않았다. 살아 있는 어두운 색 금으로 만든 무거운 장신구를 달고, 밝은 이마의 양쪽에 커다란 달팽이 모양으로 머리칼을 말아 올린 자기 자신의 아름다운 머리를 나르고 있는 것 같았다. 마치 전쟁터의 여왕처럼.

젊은 하녀의 아름다움을 감상하는 젊은 상인의 아들은 앞서 언급한 유미주의적 미적 인식의 특징을 다시 한 번 보여준다. 객관적 사실과 무관하게 주관적으로 재구성된 인상이 아름다움으로 인식됨으로써, 관찰대상의 미적 가치가 관찰대상의 본질과 분리되는 것이다. 이는 우선 그가 하녀의 실제 모습을 보는 것이 아니라 거울에 비친 모습을 바라본다는 사실을 통해서 암시된다. 여기서 거울에 비친 상은 현실 속 본질이 배제된 순수한 시각적 인상이라는 점에서 유미주의 미적 인식의 상징으로 이해될 수 있다.

이 작품에서 거울은 세 번에 걸쳐 등장하는데, 어떤 경우든 미적 인식의 중요한 전제조건을 이룬다. 자신의 모습을 아름답다고 느낄 때에도, 젊은 하녀의 모습이 아름답게 보일 때에도, 외모의 시각적 인상을 전달, 혹은 왜곡하는 매개체는 거울이다. 거울에 맺힌 상은 현실 속 본질이 배제된, 순수한 미적 인식의 대상인 것이다. 젊은 상인의 아들은 거울이라는 유미주의적 매개를 이용하여 젊은 하녀를 주관적 미적 인식의 대상으로 만들고, 이를 통해 필수불가결하지만 근본적으로는 이질적인 하녀의 존재를 보다 견디기 쉬운 것으로 만든다.

두 세계의 대비와 긴장감

그러나 이렇게 만들어진 유미주의적 삶은 완전한 것이 될 수 없다. 기본적으로 자연적 본성의 배제는 생물학적 삶의 근원인 자연적 생명력의 거부를 의미하며, 이처럼 자연적 생명력을 거부하는, 다시 말해 죽음을 지향하는 '삶'은 그 자체로서 이미 모순적일 수밖에 없다. 유미주의적 삶의 또 다른 내적 모순은 하인들의 존재에 있다. 앞서 살펴본 것처럼 하인들은 유미주의적 삶의 필수적인 전제조건이지만, 동시에 순수한 유미주의적 삶을 방해하는 존재들이기도 하다. 그들은 아무리 눈에 띄지 않더라도, 또 그 어떤 미적 가치를 부여받았더라도, 본질적으로는 간단하게 "개"에 비유될 만큼 자연에 가까운 인간들이기 때문이다.

이를 분명하게 보여주는 것은 15세 남짓의 어린 하녀다. 어린 하녀는 네 명의 하인들 중 상인의 아들이 직접 선택하지 않은 유일한 인물로서, 늙은 하녀가 상인의 아들 허락을 받아 데리고 온 그녀의 먼 친척이다. 이 어린 하녀는 어느 날 안뜰을 향해 창문에서 몸을 던져 한쪽 쇄골이 부러지고 마는데, 그 이유는 그저 "그녀의 분노한 영혼이 어둡고도 갑작스러운 흥분에 사로잡혀서"라고 간단히 언급되어 있을 뿐 명확하게 밝혀지지 않는다.

그러나 이후 병문안을 온 주인공에게 노골적으로 드러내는 그녀의 적대적 감정은 그녀의 투신이 상인의 아들과 관련되어 있음을 암시한다. 앞서『하모니』예에서도 살펴보았듯이 세기전환기의 문화사적 맥락에서 감정과 감정 표현의 절제는 욕망의 통제와 마찬가지로 문명화된 삶의 주요한 특징 중 하나로 이해된다. 반대로 감정과 욕망의 직접적인 표현은 문명화가 덜 된, 즉 자연에 가까운 삶의 전형적인 특징이다.

이러한 맥락에서 보면「672번째 밤의 동화」의 어린 하녀 에피소드는 그녀의 문명화되지 못한 자연적 삶의 속성을 간결하고도 직접적으로 보여주고 있는 것처럼 보인다. 이 짧은 에피소드의 내용 전체, 즉 '창밖으로 몸을 던졌다'는 전사前事와 '자신의 주인에 대한 적대감의 적나라한 노출'은 행동에의 강한 의지와 감정 표현의 직접성이라는 자연적 삶의 속성을 분명하게 보여주고 있기 때문이다.

이처럼 어린 하녀를 자연적 삶을 대변하는 인물로 이해할 때 이유가 불분명한 것처럼 보였던 주인에 대한 적대감과 대상이 밝혀지지 않은 '노여움'이 설명된다. 모두 현실적으로는 자신이 원하지 않는 삶을 강요하는 주인을 향한 것으로, 더 나아가서는 유미주의적 삶과 자연적 삶 사이에 존재하는 긴장과 잠재적 갈등을 드러내주는 것으로 해석될 수 있는 것이다.

어린 하녀의 경우에서처럼 표면적으로 드러나지는 않지만, 다른 하녀들이나 하인과 젊은 상인의 아들 사이에는 삶의 본질적 차이에서 기인하는, 해소될 수 없는 긴장이 숨어 있다. 그리고 유미주의적 삶이 하인과 하녀들을 반드시 필요로 한다는 점에서 이러한 긴장은 유미주의적 삶에 내재되어 있는 본질적인 모순의 결과라고 할 수 있다. 이러한 모순은 때때로 젊은 상인의 아들 마음속에 불안함과 "두려움"을 불러일으킨다.

그는 바라보지 않고도 네 하인들의 눈이 그를 주시하고 있다는 것을 느꼈던 것이다. 그는 고개를 들지 않고도 그들이 한 마디 말도 없이 각자 다른 방에서 자신을 바라보고 있다는 것을 알았다. 그는 그들을 너무나 잘 알고 있었다. 그는 그들이 살아 있다는 것을, 자기 스스로가 살아 있다고 느끼는 것보다 더 강하게, 더 절실하게 느꼈다. 자기 자신에 대해서는 때때로 가벼운 감동이나 경탄을 느끼곤 했지만, 그들 때문에는 그러나 수수께끼 같은 압박을 느꼈다. 그는 가위눌림처럼 분명하게 두 노인이 죽음을 향해 다가가는 것을,

매 시간, 그가 너무나 잘 알고 있는 그들의 모습과 몸짓이 조용히, 그러나 끊임없이 변화해가는 것과 함께 느꼈다. 그리고 두 소녀가 지루하고, 말하자면 아무런 즐거움도 없는 일상을 살아가는 것을 느꼈다. 마치 깨어나면 잊혀지는 끔찍한 악몽의 전율과 극도의 쓰라림처럼 그들 자신은 알지 못하는 그들의 삶의 무게가 그의 사지 속에 놓여 있었다. / 그는 때때로 두려움에 굴복하지 않기 위해 일어나 이리저리 걸어 다녀야 했다.

앞서 살펴본 것처럼 아무리 나이가 들어 생명력이 약해졌다 하더라도, 또 아무리 주인에게서 유미주의적 삶에 걸맞은 미적 가치를 부여받았다 하더라도, 하인과 하녀들은 본질적으로 자연적 삶을 살아가는 인간들이다. 따라서 이들은 일을 마쳤을 때, 즉 더 이상 주인의 유미주의적 삶에 종사하거나 유미주의적 삶의 일부로 살아갈 필요가 없을 때 자신들의 영역으로, 본연의 자연적 삶으로 돌아간다.

이제 그들은 "살아" 있으며, 삶의 자연적 순환에 따라 일상의 삶을 살아가거나 죽음을 향해 나아간다. 그리고 상인의 아들은 그들의 이러한 자연적 본질에 대한, 또 그들의 적대적인 시선에 대한 예감만으로도 "수수께끼 같은 압박"
과 "두려움"을 느낀다. 자신의 유미주의적 삶을 가능하게
하기 위해 데리고 있지만, 그들이 "살아 있다는 것"을 인식
하는 순간 그들은 더 이상 유미주의적 삶의 일부가 아니라
유미주의적 삶의 순수함을 파괴하고 균형을 깨뜨리는, 이
질적이며 위협적인 요소가 되어버리기 때문이다.

　이제 자연적 삶을 대변하는 그들의 시선은 본성을 억압
하는 유미주의적 삶, 혹은 이를 대표하는 상인의 아들을 적
대적으로 바라보며, 이러한 시선은 그로 하여금 아무리 애
를 쓰더라도 '삶'으로부터 완전히 벗어날 수 없다는 사실,
유미주의적 삶의 완전한 실현은 근본적으로 불가능하다는
사실을 상기시킴으로써 그를 '극도의 공포'로 몰아넣는다.

　　끔찍한 압박이 그를 엄습했다. 삶으로부터 달아날 수 없을
　　것이라는 공포였다.

　세 명의 하녀들과 한 명의 하인은 상인의 아들이 유미주
의적 삶을 살아가는 데 필수적인 존재이므로 늘 그의 곁에
머무를 수밖에 없다. 그러나 바로 그들 때문에 상인의 아들

은 결코 순수한 유미주의적 삶을 살아갈 수 없다. 늘 그의 주변에 머무르는 하인들은 본질적으로 자연적 삶을 살아가는 인간들이며, 따라서 유미주의적 삶의 실현을 위해 하인들이 필요하다는 것은 상인의 아들이 유미주의적 삶을 결코 완전하게 실현할 수 없음을, 결코 "삶으로부터 달아날 수 없음"을 뜻하기 때문이다.

정서적 감동에서
지적 울림으로

유미주의적 삶의 필연적 딜레마

「672번째 밤의 동화」 줄거리에서 개연성이 떨어지는 것처럼 보이는 부분이 있다면, 그것은 아마도 젊은 상인의 아들이 남자 하인을 비방하는 발신자 미상의 편지를 읽고 하인을 지키기 위해 곧장 행동에 나서는 부분일 것이다. 물론 하녀들과 하인을 마치 아름다운 장식처럼, 자신의 소중한 소유물처럼 생각하는 주인공의 태도로 미뤄볼 때, 그가 "그렇게 비열한 방식으로 하인을 잃을지 모른다는 생각"만으로도 크게 불안해하고, "마치 깊숙이 감춰둔 재산이 모욕을 당하고 위협을 받고 있는 것 같은" 느낌을 갖게 되는 것은 충분히 개연성이 있다고 할 수 있다.

하지만 편지를 읽자마자 즉각 하인의 전 고용주였던 페르시아 공사를 찾아나서는 그의 적극적인 행동은 지금까지 묘사된 그의 삶이 무위無爲와 미적 관조를 특징으로 하고 있었다는 점에서 어색한 것이라는 사실을 부인하기 어렵다. 이처럼 일관성이 떨어져 보이는 상인의 아들 행동은 그러나 앞서 살펴본 그와 하인들 사이의 관계를 생각하면 또 그다지 놀라운 것이 아니기도 하다.

세 명의 하녀들과 한 명의 하인은 유미주의적 삶의 가장 중요한 현실적 전제조건이다. 특히 하인은 상인의 아들이 유일하게 자의로 외부에서 받아들일 만큼 특별히 그의 마음에 들었던 인물이다. 따라서 그를 잃는다는 것, 즉 "습관 및 다른 불가사의한 힘에 의해 떨어질 수 없게 서로 결합된 존재들 중 한 사람을 잃는다는 것"은 자신이 살아오던 지금까지의 삶의 방식을 유지할 수 없다는 것을 의미한다. 최소한 그를 대체할 다른 하인을 구할 때까지는 말이다.

그리하여 하인을 잃는다는 상상만으로도 그에겐 "삶의 모든 내용이 (…) 소리도 없이 그에게서 빠져나가 어디론가 버려지고 아무 가치도 없는 것으로 무시당하는 것처럼"

생각된다. 하인을 구하려는 그의 적극적인 행동은 근본적으로는 하인을 위한 것이라기보다는 자기 자신의 삶을 지키려는 절실한 요구에서 기인한 것이라 할 수 있다.

그러나 이러한 행동은 유미주의적 삶을 가능하게 하기 위해 자연적 존재인 하인들을 자신의 주변에 두는 것과 동일한 내적 모순을 안고 있다. 하인을 구하려는 행위, 즉 유미주의적 삶을 지켜내기 위한 행위가 젊은 상인의 아들을 오히려 유미주의적 공간에서 멀어지도록 만들고, 또 자연적 삶의 영역으로 이끌고 감으로써 결과적으로 유미주의적 삶의 실현을 불가능하게 만들기 때문이다.

하인을 구하려는 행동은 동기에서나 모순적 결과에서나 모두 하녀들과 하인을 곁에 두는 것과 근본적으로 동일한 행위로 이해될 수 있다. 그러나 하녀들과 하인을 곁에 두는 행위가 기껏해야 삶에 대한 막연하고 추상적인 '두려움'을 야기하는 데 그쳤다면, 하인을 구하려는 행위는 젊은 상인의 아들을 실제 삶의 영역으로 이끌고, 급기야는 문자 그대로 치명적인 사건들과 마주치도록 만든다.

친숙한 공간에서 적대적인 공간으로

젊은 상인의 아들은 페르시아 공사를 방문한 일에 실패한 후, 하룻밤 묵어갈 만한 숙소를 찾다가 길을 잃고 "아주 많은 공공 창녀들이 사는 궁핍한 거리"에 들어선다. 이미『라이겐』예와 함께 언급한 바 있듯이 세기전환기의 문학적 맥락에서 사회적 신분은 문명화 정도와 비례하는 것으로 이해되었다. 따라서 하층민들의 거리는 문명화가 덜 된, 상대적으로 자연에 훨씬 가까운 삶의 영역을 의미하며, 이는 상인의 아들이 유미주의자로서 자신에게 적대적인 공간에 들어섰다는 것을 뜻한다. 그리고 "창문에는 붉은 커튼"이 쳐져 있으며, "추하고 먼지를 뒤집어쓴 꽃들"이 밖에 놓여 있는 이곳에서 그의 눈에 띄는 것은 자신의 유미주의적 삶과 접점을 가지고 있는 허름한 보석상이다.

위협적인 삶의 장소에서 보석이라는 유미주의적 아름다움의 정수精髓가 거래되는 보석상은 젊은 상인의 아들에게 피난처로 느껴질 수밖에 없었던 것이다. 물론 서민들 거리에 있는 보석상은 주인공에게 걸맞은 보석을 가지고 있지 않다. 그저 "전당포와 장물아비에게서 한꺼번에 사들인 것 같은 (…) 하찮은 장신구들"이 가득한 보석상에는 기껏해야 그의 하녀들에게 어울릴 만한 것들밖에는 찾아볼 수 없다.

이곳에서 주인공은 늙은 하녀를 위한 장신구와 젊은 하녀를 위한 은으로 된 거울 하나를 구입한다. 앞서 젊은 주인을 매료시킨 것이 거울 속 젊은 하녀의 모습이었다는 사실을 생각하면 이러한 주인공의 행위는 하녀들을 위한 것이라기보다는 자신의 미적 가치를 실현하기 위한 행위로 이해할 수 있다. 이제 주인공은 젊은 하녀를 위한 목걸이를 사려고, 또 보석상 주인에게 이끌려서, 점점 더 가게 깊은 곳으로 들어간다. 그리고 그는 두 번째 방인 "천장이 낮은 거실" 창밖으로 흥미로운 것을 발견한다. 바로 두 개의 온실이다.

온실은 자연적 존재인 식물들이 자라는 곳이지만, 자연환경의 인위적인 조작을 통해 식물의 성장을 조정하고 통제하는 곳이라는 점에서 문명화된 자연의 공간이자 문명과 자연이 교차하는 장소다. 보석상만큼이나 친숙한 공간인 온실에 들어선 상인의 아들은 시간 가는 줄 모르고 "수많은 드물고 기이한 수선화와 아네모네, 그리고 그가 전혀 알지 못하는 이상한 관엽식물들"을 감상한다. 그러다 그는 깜짝 놀라 뒤로 물러서게 되는데, 그것은 기껏해야 네 살 정도, 우리 나이로는 다섯 살이나 여섯 살 정도 되었을 법한 어떤 소녀가 온실 유리벽 건너편에서 그를 뚫어지게 쳐다보고 있었기 때문이다.

소녀의 시선은 여러 가지 면에서 여름 별장에서 주인공이 느꼈던 하인들의 시선, 즉 삶의 공격적인 시선을 연상시킨다. 우선 어린 소녀는 얼굴 생김새와 자세, 머릿결 등이 늙은 하녀가 데리고 온 어린 하녀와 똑같았지만, 그 모든 것들이 이 소녀에게서는 "그에게 공포를 불러일으키는" 모습으로 나타난다. 또한 상인의 아들에 대한 적개심 역시 어린 하녀의 것보다 더 강렬하게 나타난다. 역시 이유가 분명히 밝혀지지 않은 적개심이다.

그는 창백한 얼굴 위로 몸을 굽혔다. 소녀의 두 눈은 분노와 증오로 떨렸고 아래턱의 작은 이빨은 어마어마한 분노로 윗입술을 깨물고 있었다.

어린 하녀가 적은 나이, 행동에의 의지, 감정의 직접적 표현, 상인의 아들에 대한 적개심 등 자연적 삶의 특성들을 가진 인물이었다는 점을 고려하면, 이러한 어린 소녀의 모습과 태도는 이 아이가 어린 하녀보다도 더욱 자연에 가까운 존재라는 사실을 암시한다고 할 수 있다. 그리고 이러한 암시는 그가 아이의 환심을 사려고 내민 은화를 단호하게 거부하는 소녀의 태도에서 보다 분명해진다.

상인의 아들은 소녀의 모습에서 "관자놀이와 목구멍에 찌르는 듯한 고통을 느낄 정도로 공포에 사로잡혀 있다가" 주머니 속에 넣고 있던 손에 잡힌 은화를 꺼내 아이에게 건넨다. 그러나 은화를 건네주는 행위는 아이에게 경제적 가치로서의 돈을 주기 위한 것이 아니다.

상인의 아들은 단지 "그것이 반짝반짝 빛나고 좋은 소리를 내기 때문에", 즉 그것의 미적 가치 때문에 주머니에서 은화를 꺼내 아이에게 건네주는데, 이는 그가 자신의 유미주의적 가치가 아이에게도 유효하다는 사실을 확인함으로써 적대적인 자연적 존재인 소녀를 자신의 삶 속으로 포섭하고, 그녀에 대한 공포를 극복하고자 하는 시도로 이해될 수 있다. 그리고 소녀는 당연하다는 듯 받은 은화를 떨어뜨리고, 은화는 바닥의 판자들 틈으로 사라져버린다.

젊은 상인의 아들에게 친숙하고 흥미로운 것으로 느껴

졌던 온실은 소녀가 떠나가고 어두워지기 시작하면서 전혀 다른 면모를 드러낸다. 혹은 전혀 다르게 인식된다. 이제 아무리 보아도 싫증이 나지 않았던 신기한 식물들이 아니라 선반 위에 나란히 늘어서 있는 "밀랍으로 만든 조화蠟花 화분들"이 상인의 아들 눈에 들어온다. 이들은 단순히 통제된 자연적 존재가 아니라 보석처럼 생명이 없는, 전적으로 인위적이고 인공적이며 오로지 장식을 위해 만들어진, 따라서 유미주의적 아름다움의 핵심적인 전제조건들을 완전하게 실현하고 있는 존재들이다.

그러나 어찌된 일인지 상인의 아들에게 이 조화들은 아름답게 느껴지지 않는다. 조화들은 그에게 "뻣뻣하다는 점에서 살아 있는 꽃과 다르며", 왠지 "눈구멍이 자라서 막혀버린 음흉한 가면"과도 같은 것으로 여겨진다. 상인의 아들이 보여주는 미묘한 변화는 곧 소녀가 바깥에서 온실 문을 잠갔다는 사실, 다시 말해 어두워져가는 저녁에 낯선 온실 속에 갇히고 말았다는 사실을 깨닫게 되면서 점점 더 분명해진다.

이제 그는 작은 소리에도 진심으로 두려움을 느끼며, 관조적이고 점잖은 자세를 버린 채 머리 위로 늘어진 나무줄기와 바닥에 깔린 나뭇잎에도 아랑곳하지 않고 '기어가' 다른 문을 찾아낸다. 그러고는 이 불안한 장소에서 한시라도 빨리 벗어나고 싶다는 간절한 소망에 사로잡혀 맞은편 건물의 옥상 테라스로 이어진, 여러 층 높이의 벽으로 에워싸인 깊은 개천 바로 위에 있는 판자다리 위로 올라선다.

판자 위에서 자신이 서 있는 곳의 까마득한 높이를 알아차린 상인의 아들은 극도의 불안과 현기증 속에서 "죽음이 가까이 있음"을 느낀다. 그러나 이때 '죽음'은 앞서 집에서 상상했던 것처럼 "장엄하고 화려한" 것도 아니고, "날개 달린 사자상이 받치고 있는 다리를 지나 천천히" 그에게 다가오는, 실체 없는 낭만적 상상도 아니다. 판자 위에 선 상인의 아들을 공포로 몰아넣은 것은 현실적이고 물리적인 죽음이며, 급박한 생명의 위협이다.

눈앞에 닥친 죽음의 공포에 압도된 상인의 아들은 이제 몸을 웅크린 채 눈을 감고 자포자기 심정으로 더듬더듬 손을 뻗어 건너편 문의 격자를 잡는다. 그리고 다행히 문이 열리자 펄쩍 뛰어 건너편 건물의 테라스 위로 떨리는 몸을 던진다. 삶의 자연적 본질을 거부하고 인위적이며 양식화된 아름다움만을 추구하던 젊은 상인의 아들이 실제적인 죽음의 위험을 앞에 두고 삶을 향해 몸을 던지는 것이다.

유미주의적 삶을 지키기 위해 집을 나섰던 상인의 아들은 자연적 삶과 유미주의적 아름다움이 교차하는 허름한 보석상과 온실을 지나며 점차 문명화되지 못한 자연적 삶의 영역에 공간적으로는 물론 내면적으로도 접근해간다. 그리고 급기야는 죽음의 위협으로부터 도망치기 위해, 즉 자연적 생명을 유지하기 위해 필사적으로 몸을 던진다. 이렇게 하여 젊은 상인의 아들이 도달한 곳은 더 이상 보석상도, 온실도 존재하지 않는 완전한 하층민들의 공간, 자연적 삶의 공간이다.

자연적 삶과 본성을 상징하는 존재

소설의 마지막 공간적 배경을 이루는 장소는 군인들의 거리다. 주인공이 죽음을 맞게 되는 누추하고 더러운 이곳은 아름다운 장소가 아님에도 불구하고 지극히 감각적으로 묘사된다.

격자를 두른 창가에 군인 몇 명이 누런 얼굴과 슬픈 눈을 하고 앉아서 뭐라고 그에게 소리를 질렀다. 그러자 그는 머리를 들어, 그 방에서 풍겨 나오는 곰팡이 냄새, 아주 특별하게 가슴을 짓누르는 냄새를 들이마셨다. (…)

안마당은 매우 넓고 쓸쓸했으며, 날이 저물어가고 있었기 때문에 더 넓고 쓸쓸해 보였다. 그곳에는 사람들이 얼마 없었다. 안마당을 둘러싸고 있는 건물은 낮았고, 더러운 누런 색깔을 하고 있었다.

특히 후각적 인상이 지배적인 이 장소에서 젊은 상인의 아들이 목격하는 것은 양식화된 삶의 장식적 요소들이 배제된, 구체적인 목적을 가지고 있는 행위들이다. "더러운 삼베로 만든 마구간 작업복을 입은 군인들"이 무릎을 꿇고 앉아 말발굽을 씻는 행위도, 똑같이 더러운 옷을 입고 있는 군인들이 자루 한 가득 자신들이 먹을 빵을 운반하는 것도 모두가 그들이 먹고사는 문제와 직결된 육체적인 행위다. 이러한 육체적인 행위는 군인들의 육체적 현존을, 육체적 생존을 위한 그들의 자연적 의지를 강조해줌으로써 이들이 자연적 본성에 가까운 삶을 살아가는 자들이라는 사실을 보여준다.

그러나 군인들은 이 공간의 주인처럼 보이지는 않는다.

이들은 "슬픈 눈"을 가지고 있거나 "피곤한 눈에 끔찍하게도 슬픈 눈빛"을 하고 있으며, "천천히 발을 질질 끌고" 빵이 가득 든 자루를 짊어진 채 걸어가는 군인들은 "마치 추하고 음흉한 짐을 등에 짊어지고 있기라도 한 것처럼", "육체의 슬픔을 감싼 옷과도 같은 자루 속에 빵을 넣고 운반하고" 있는 것으로 묘사된다.

그들은 자연적 본질과 욕망에 충실한 삶을 소박하고 단순하게 살아가는 것이 아니라, 마치 누군가에게 그러한 삶을 강요당한 것처럼, 삶의 무게에 짓눌린 채 살아간다. 이러한 군인들의 모습이 무엇을 암시하는지는 그들이 말의 발굽을 닦는 장면에서 드러난다.

그러고 나서 그는 말 앞에 무릎을 꿇고서 말발굽을 닦고 있는 사람들이 있는 곳으로 갔다. 이 군인들도 역시 서로 비슷해 보였으며 창가에 앉아 있던 군인들, 빵을 나르던 군인들과 똑같았다. (…) 말의 앞발을 잡고 있는 것이 매우 어려워졌기 때문에 이들의 머리가 흔들거렸고, 피곤에 지친 누런 얼굴이 세찬 바람을 맞고 있는 것처럼 위아래로 올라갔다 내려갔다 했다. 말의 얼굴은 대부분 추했고, 뒤로 젖혀진

귀와 치켜 올려져 위턱 구석의 이빨을 드러낸 윗입술로 인해 음흉한 표정이 생겨났다. 말들도 대부분 악의에 찬 눈을 굴리고 있었고, 비스듬히 달린 콧구멍으로 조급하고 사람을 깔보는 듯한 기묘한 방식으로 콧김을 내뿜었다. 열의 마지막 말은 특히 힘이 좋고 추했다. 이 말은 자기 앞에 무릎을 꿇고 씻은 말발굽의 물기를 닦아주고 있는 군인의 어깨를 그 큰 이빨로 물려고 했다. 이 군인은 볼이 너무나 홀쭉하고 피곤한 눈에 끔찍하게도 슬픈 눈빛을 담고 있어서 상인의 아들은 깊고도 쓰라린 동정에 사로잡혔다.

이 장면에서 무릎을 꿇고 피곤에 지친 얼굴로 말발굽을 닦는 군인들 모습은 "악의에 찬 눈을 굴리며" "사람을 깔보는 듯한 기묘한 방식으로 콧김을 내뿜는" 말의 모습과 대조를 이루며 마치 말에게 종사하는 하인과도 같은 인상을 준다. 반면 자신의 발굽을 닦아주고 있는 군인의 어깨를 이빨로 물려고 할 정도로 제멋대로인 말이야말로 이 더럽고 지저분한 삶의 공간을 지배하는 존재인 것처럼 보인다.

말이 자연적 삶과 본성을 상징하는 존재라는 사실은 소설 내에서 반복적으로 암시된다. 예를 들어 상인의 아들이 주머니에서 금화를 찾으려 할 때 말 한 마리가 머리를 돌려 "음흉하게 귀를 뒤쪽으로 젖히고, 더욱 악하고 거칠어 보이는 눈알을 굴리며" 그를 바라보는데, 이 시선은 여름 별장에서 그를 바라보던 하인들의 시선, 창밖으로 뛰어내린 어린 하녀의 시선과 온실에서 만난 소녀의 증오 섞인 시선 등 그에게 삶을 상기시키고 불안을 야기했던 적대적 시선들을 연상시킨다.

또, 말의 "추한 얼굴"은 상인의 아들로 하여금 그간 잊고 지냈던 한 사람의 얼굴을 떠올리게 만드는데, 그것은 바로 "아버지 가게에서 한 번 본 일이 있었던, 가난하고 추한 사람의 일그러진 얼굴"이다. 또한, 말하자면 상인의 아들을 자연적 삶의 공간으로 이끄는 안내인 역할을 한 허름한 보석상 주인이 상인의 아들에게 "준보석을 박아 넣은, 고풍스러운 말안장의 희귀한 쇠장식"을 사라고 권하고, 상인의 아들은 "말과 전혀 관계해본 일이 없을 뿐더러 (…) 말을 탈 줄조차 모른다"며 단호하게 거절하는 장면 역시 말의 상징적 의미를 미리 암시하는 역할을 한다.

그리고 "추한 얼굴"을 가진 말은 바닥에 떨어진 녹주석 장신구를 주우려 몸을 구부린 상인의 아들 옆구리를 차 치

명적인 상처를 입힘으로써 유미주의적 삶의 적이자 자연
적 삶의 상징으로서 자신의 의미를 최종적으로 확인시켜
준다.

몰락할 수밖에 없는 자에 대한 연민

반면 유미주의적 삶을 지키기 위해 집을 나섰던 상인의 아
들은 의도와는 정반대로 삶의 영역 한복판으로 끌려들어
와 급기야는 목숨을 잃고 만다. 정신을 잃은 채 군인들에
의해 낯선 방에 눕혀진 상인의 아들은 직면한 죽음의 예감
에 고통스러워하며 자신의 하인들을 저주한다. 그들이 자
신을 죽음에 이르도록 만들었다고 생각하기 때문이다.

> 그러고는 주먹을 쥐고 자기를 죽음으로 몰고 간 하인들을
> 저주했다. 하인은 자기를 시내로, 늙은 하녀는 보석상으로,
> 젊은 하녀는 보석상의 더 깊숙한 방으로, 그리고 어린 하녀
> 는 자기와 똑같이 생긴 음흉한 여자 아이를 통해 자신을 온
> 실 속으로 몰고 갔던 것이다. 그곳에서부터 무시무시한 계
> 단과 다리를 비틀거리며 지나가 말발굽에 차이기까지의 자
> 신의 모습이 눈앞에 떠올랐다. 그러고는 다시 숨 막히는 커

다란 두려움 속에 빠졌다. 아이처럼 흐느껴 울었다.

　이러한 원망은 하인과 하녀들 중 그 누구도 실제로 상인의 아들에게 벌어지는 일에 영향을 끼칠 수 있는 위치에 있지 못했다는 점에서 근거 없는 억지에 불과하다. 이런 사실을 모를 리 없음에도 불구하고 죽어가는 상인의 아들이 하인과 하녀들을 원망하는 것은 그의 행동들이 그들과 관련이 있기 때문이다.

　하층민들의 거리로 나선 것은 하인을 구하기 위해서였으며, 그곳에서 보석상으로, 온실이 보이는 더 깊은 방으로 들어간 것은 늙은 하녀와 젊은 하녀를 위한 장신구를 사기 위해서였고, 위험한 판자다리를 지나 말과 군인들의 영역으로 갈 수밖에 없었던 것은 어린 하녀와 똑같이 생긴 다섯 살짜리 소녀 때문이었던 것이다.

　하지만 그러한 행동들은 하녀들과 하인을 위해서라거나 하인을 아끼는 마음 때문에 이뤄진 것이 아니다. 하인을 구하는 것은 자기 자신의 유미주의적 삶을 지키기 위한 일이었으며, 하녀들을 위한 장신구를 구입한 것은 그들에게 미적 가치를 부여함으로써 보다 자신의 삶에 적합한 존재로 만들기 위한 것이었다. 또, 어린 소녀가 온실 문을 잠근 것은 그가 어린 하녀를 떠올리며 바로 온실 밖으로 나가지 않고 소녀에게 다가가 유미주의적 가치의 상징인 은화를 통해 그녀를 자신의 삶으로 포섭하고자 시도했기 때문이었다.

상인의 행동들은 결과적으로 하인과 하녀들 때문인 것은 맞지만, 근본적으로는 그들을 위해서가 아니라 자신의 유미주의적 삶을 가능한 것으로 유지하기 위한 것이었다. 따라서 주인공이 어처구니없는 죽음을 맞이하게 되는 것은 유미주의적 삶이 자연적 존재인 하인들을 전제로 하기 때문이며, 이러한 점에서 비극적인 결말은 궁극적으로 삶을 부정하는 유미주의적 삶의 내적 모순과 함께 이미 유미주의적 삶의 본질적 속성 속에 내재되어 있었던 것으로 볼 수 있다.

상인의 아들의 갑작스러운 죽음은 「672번째 밤의 동화」 연구에서 흔히 유미주의에 대한 호프만스탈의 비판적 인식을 반영한 것으로 이해되어왔다. 유미주의적 삶을 살아가던 주인공이 갑작스럽게 몰락하여 죽음에 이른다는 사실, 그리고 그 죽음이 소설 전반부에 등장하는 낭만적이고 아름다운 죽음과 대조되는, 고통스럽고 추한 것으로 묘사되고, 이를 통해 유미주의적 삶에 대한 비판적 거리가 생겨난다는 점에서 그러한 해석은 충분히 설득력이 있다.

또한 이 작품이 발표되기 몇 달 전 당대 유럽 유미주의의 대표적인 인물로서 큰 명성을 누리고 있던 오스카 와일드가 동성애 스캔들로 인해 갑작스럽게 몰락했으며, 호프만스탈이 이에 대해 '상인의 아들' 이야기를 연상시키는 에세이를 썼다는 사실 등도 이러한 해석을 뒷받침해준다.

그러나 이처럼 설득력 있는 작품 내·외적 상황들에도 불구하고, 이 작품을 유미주의에 대한 비판으로 읽고자 하는 경우 해명해야 할 문제가 하나 존재한다. 그것은 유미주의적 삶을 체현하고 있는 주인공이 비판적, 혹은 부정적으로 묘사되고 있는 것처럼 보이지 않으며, 긍정적이라고까지는 할 수 없다 하더라도 오히려 감정이입 대상이 되는 선량한 인물로, 그리고 최종적으로는 연민을 불러일으키는 인물로 묘사되고 있다는 사실이다.

이는 우선 주인공의 행동에서 잘 나타난다. 늙은 하녀의 부탁으로 어린 하녀를 받아주었다는 사실이나 어린 하녀의 병문안, 하인의 누명을 벗기기 위한 즉각적인 행동이나 하녀들을 위한 장신구 구입 등은 그것의 숨겨진 의미와 무관하게 상인의 아들을 선량하고 호감이 가는 인물로 만들어준다. 또한 그가 유미주의적 삶을 산다는 것 역시 그를 비판적으로 봐야 할 이유가 되지는 못하는데, 이는 그가 자신의 삶의 형식과 그 종말을 능동적으로 선택할 능력을 가지고 있지 못하기 때문이다.

문명화 정도가 낮은 존재로서 하인들과 군인들이 자연과 가까운 삶을 살아갈 수밖에 없는 것처럼 상인의 아들은 극도로 문명화된 존재로서 자연적 본질과는 멀리 떨어진 유미주의적 삶을 살아갈 수밖에 없다. 성적인 욕망의 부재도, 지극히 섬세한 미적 감수성도 그의 선택과 결정에 의한 것이라기보다 처음부터 그의 본질 속에 이미 존재하는 것들이다. 따라서 그의 몰락과 죽음은 그의 의지나 의도와는 무관하게 처음부터 예정되어 있었다고 할 수 있다. 유미주의적인 삶은 지금까지 살펴본 것처럼 그 안에 내재하는 모순 때문에 결국에는 스스로 붕괴되고 몰락할 수밖에 없는 것이기 때문이다.

개인의 의지나 선택이 아무런 역할도 하지 못하는 삶을 살아가는 상인의 아들에게 독자들은 어떠한 비판적 시선을 보낼 수 있을 것인가? 게다가 이 소설 속에서 모든 사실과 사건들은 전적으로 상인의 아들 시점에서 관찰되고 묘사되고 있다. 이는 독자들이 작중에서 벌어지는 일들을 오로지 상인의 아들 시점에서 바라보고, 주인공의 성격이 특별히 부정적으로 묘사되지 않는 한 그의 감정과 느낌을 공유할 가능성이 높음을 의미한다.

물론 상인의 아들이 한탄과 원망 속에 추하게 죽어가는 모습은 독자로 하여금 그에게서 어느 정도 거리를 두도록 만들기는 하지만, 그러한 '비극적' 결말은 주인공의 관점에서 모든 것을 보고 느껴온 독자들 마음에 비판보다는 오히려 우울한 정서와 그에 대한 연민을 불러일으킨다.

이렇게 본다면 문명의 끝자락에서 태어나 유미주의적 삶을 살아가다가 결국 유미주의적 삶의 내적 모순 때문에 몰락하고 마는 상인의 아들 이야기는 이율배반적인 성격을 가지고 있는 것처럼 보인다. 주인공의 죽음은 유미주의에 대한 작가의 비판적 자세를 드러내주지만, 동시에 유미주의적 삶을 체현하고 있는 주인공에 대한 연민을 불러일으키기 때문이다.

이러한 이율배반은 이 이야기의 작가인 호프만스탈이,

이미 극복되어버린, 혹은 극복하는 과정에 있는 과거 자신의 모습이기도 한 섬세하고 예민한 젊은 유미주의자에 대한 연민을 드러내는 것으로 이해될 수 있다. 이러한 연민은 구제할 길 없이 몰락할 수밖에 없는 자에 대한 연민이라는 점에서 우울한 정서로 이어질 수밖에 없다.

내 멋대로 해석하며 즐길 권리

어처구니없는, 그러나 필연적인 죽음을 맞이하는 주인공의 운명은 다시 한 번 앞서 인용한 호프만스탈의 편지를 떠오르게 한다. 음식은 아무리 아름답게 장식되어 있더라도 먹기 위해 존재하는 것이며, 그것을 먹기 시작하는 순간 음식의 아름다움은 파괴되고 만다. 그러나 아름다움을 유지하기 위해 먹지 않는 자는 생명을 이어갈 수 없다. 호프만스탈이 이 음식의 비유를 통해 표현하고자 했던 문명화된 삶, 혹은 유미주의적 삶의 딜레마와 그 뒤에 숨어 있는 우울한 정서는 「672번째 밤의 동화」에서 '동화'의 형식으로 변주되고 반복된다.

'아름다운' 삶은 살아가지 않는 동안에만 가능하며, 절대적 아름다움을 추구하는 자에게는 살아갈 수 있는 능력이 결여되어 있다. 따라서 아름다운 삶의 결말은 죽음일 수밖에 없다. 아름다운 삶에는 늘 죽음의 그림자가 드리워져 있으며, 그 그림자는 유미주의적 멜랑콜리의 근원이 된다. 문명화된 자에게 아름다운 삶은 선택과 결정의 문제가 아니기에 그 멜랑콜리는 더욱 깊어질 수밖에 없다.

지금까지 우리는 「672번째 밤의 동화」가 독자들에게 던져준 수수께끼를 하나하나 풀어보았다. 물론 이러한 풀이 외에도 또 다른 풀이들이 존재할 수 있다. '왜 672번째일까?', '왜 동화일까?', '어린 시절 아버지 가게에서 한 번 본 일이 있던, 가난하고 추한 사람의 일화는 어떤 의미일까?' 등 아직 풀지 못한 수수께끼들도 많이 남아 있다.

그러나 작품과 작가에 대한 정보를 찾고, 이를 바탕으로, 또 기존에 알고 있던 지식들을 함께 동원하여 작품을 해석해보고, 처음 읽을 때 해독할 수 없었던 내용을 하나씩 알게 되어갈 때 느끼는 즐거움은 무척 크다. 최종적으로 작품 전체의 의미가 보이고, 작가의 의도를 깨닫게 될 때 느끼는 기쁨은 정서적 감동과는 전혀 다른, 지적인 울림이 큰 즐거움이다.

물론 그것이 정답이 아닐 수도 있다. 하지만 정답인가

아닌가는 큰 의미가 없다. 우리는 문학이란 것이 독자들에게 내 멋대로 해석하며 즐길 수 있는 권리를 준다는 사실을 이미 잘 알고 있다. 자신만의 해석을 가지고 다른 독자들과 소통하며 또 다른 즐거움을 누릴 수 있는 것도 바로 그 때문이다.

멜랑콜리란 정확히 무엇을 뜻하는 단
어인가?

멜랑콜리의 어원은 고대 그리스어의 검은색을 뜻
하는 μέλας(멜라스melas)와 담즙을 뜻하는 χολή(콜
레cholé)가 합쳐져 만들어진 단어 melancholía다.
이 단어는 1차적으로 '검은색 담즙'을 뜻했으며,
19세기에 이르기까지 주로 '인간의 체액 중 검은
색 담즙이 과다하여 생기는 우울증'을 뜻하는 의
학용어로 사용되었다. 그러나 멜랑콜리는 중세
이래로 회화와 문학에서 중요한 소재로 활용되기

도 하였다. 회화에서는 독일의 화가인 알브레히트 뒤러의 〈멜랑콜리아 I〉(1514)이 대표적이며, 문학에서는 특히 세기말의 정서를 묘사할 때 멜랑콜리가 두드러진다.

다양한 예술사조를 탄생시킨 세기말
정서에는 어떤 특징이 있는가?

19세기 말에도 다른 세기말과 비슷하게 한 시대의 끝을 향해 달려가는 시기의 염세적인 정서가 지배적이었다. 이 시기에는 특히 유럽 문명이 극도로 발달하여 이제 몰락하는 일밖에 남지 않았다는 정서가 매우 강했다. 그러나 이러한 비관론적 견해는 다른 세기말들에 비해 특별한 점이 있었다. 19세기 중반 이래로 다윈 진화론을 비롯한 자연과학의 발달로 인간과 세계를 바라보는 시선이 완전히 달라졌기 때문이다. 이는 수백 년간 유럽 문명의 중심 역할을 해온 종교적 세계관의 붕괴를 의미하는 것이었으며, 그 결과 19세기 말은 단순히 숫자상의 마지막이 아니라 한 시대의 실질적인 종말을 의미하게 되었다. 종교적 세계관이 붕괴하고 이를 대체할 만한 새로운 세계관이 자리 잡지 못한 상태에서 생긴 혼란은 19세기 말을 넘어 1차 세계대전에 이르기까지 지속된다.

4부 _____

어느 날 찾아온

기괴하고 특별한 세계

찾아온

특별한
세계

– 카프카 「변신」 「시골의사」

카프카의 작품들은 정답에 해당하는 해석을 허락하지 않는다. 그렇다고 해서 해석 자체를 허락하지 않는 것은 아니다. 오히려 카프카의 작품은 셀 수 없이 많은 해석을 유도한다. 단지 그중 어떤 하나가 정답이 되는 것을 허락하지 않을 뿐이다.

20세기 이후
가장 충격적인 도입부

"카프카의 작품은 미로와 같다"

지금까지 우리는 문학작품을 읽고 즐기는 여러 가지 방법
에 대해 살펴보았다. 우선『데미안』을 통해 문학작품은 '해
석'을 거쳐야만 진정한 의미에 도달할 수 있다는 사실을 알
게 되었고,『젊은 베르터의 고통』을 통해 한 작품이 여러
해석의 층위를 가질 수 있다는 것을 이해했다. 또「672번
째 밤의 동화」를 통해서는 복잡한 해석 없이는 이해하기
어려운 수수께끼와도 같은 작품도 존재한다는 것을 알게
되었다. 그런데 독자가 정보나 경험의 부족으로 해석을 하
지 못하는 것이 아니라 애초부터 해석이 불가능한 작품이

라면 어떨까?

일반적으로 그러한 작품은 내적 구조가 선명하지 못하고, 이야기하는 바가 분명하지 못한, 좋지 않은 작품일 가능성이 크다. 따라서 보통의 경우라면 좋은 평가를 받지도, 독자들 선택을 받지도 못할 것이다. 그런데 그렇지 않은 작품들이 있다. 수십 년에 걸친 평론가들과 연구자들의 시도에도 불구하고 정설이라 할 만한 해석이 나오지 않았지만, 전 세계적으로 큰 사랑을 받는 작품과 작가가 있다. 바로 프란츠 카프카의 경우가 그렇다.

개인적으로 카프카의 작품들을 한마디로 설명할 때 보통 이렇게 이야기한다. "카프카의 작품은 입구도 여러 개이고, 출구도 여러 개인 미로와 같다."

카프카의 작품들은 보는 관점에 따라 애초부터 해석을 염두에 두고 쓰인 작품이 아닌 것처럼 해석이 불가능해 보일 수도 있고, 수없이 많은 해석의 가능성이 존재하는 것처럼 보일 수도 있다. 이는 한편으로는 그의 작품들이 말하고자 하는 바를 선명하게 드러내지 않으며, 추론이 가능하도록 내적 논리를 탄탄히 갖춘 개연성 있는 작품이 아니라는 것을 의미한다.

프란츠 카프카(1883~1924)

다른 한편으로는, 그럼에도 불구하고 한 걸음 떨어져서 보면 마치 구름 모양에서 우리가 아는 형체를 발견하듯 다양한 모습을 보여준다는 것을 뜻하기도 한다. 우리가 살펴보고자 하는 작품 중 하나인 「변신」도 마찬가지다.

> 그레고르 잠자는 어느 날 아침 불안한 꿈에서 깨어났다. 그러고는 자신이 이부자리 속에서 한 마리 흉측한 해충으로 변해 있다는 사실을 알게 되었다.

20세기 이후 발표된 전 세계 수많은 소설들 도입부 가운데서도 가장 유명한 도입부 중 하나인 이 구절을 읽으며 독자는 충격을 받지 않을 수 없다. 사람이 벌레로 변하다니! 더군다나 이 소설이 사실을 있는 그대로 묘사하고자 하는 리얼리즘적 경향이 정점에 도달한 자연주의 시대 직후에 발표됐다는 점에서 이 도입부는 더욱 충격적으로 느껴진다.

그러나 아이러니하게도 파격적인 도입부를 가진 이 소설은 카프카의 작품들 중 그나마 가장 말하고자 하는 바가 비교적 분명한, 다시 말해 해석하기가 가장 쉬운 작품에 속한다. 벌레로의 변신과 이후 벌어지는 일들이 우리가 살아

카프카의 대표작 『변신』의 표지

가고 있는 자본주의 사회에서의 인간 소외를 잘 보여주고
있기 때문이다.

거대도시 베를린의 비참한 노동자들

카프카의 「변신」은 지금으로부터 100여 년 전인 1915년
에 발표되었다. 우리나라로 치면 일제강점기가 시작된
지 5년이 지났을 무렵이니 정말로 옛날 소설이다! 그러나
1900년부터 1차 세계대전이 발발한 1914년까지의 독일
은 앞서 살펴본 뒤늦은 산업혁명의 결과, 우리가 상상할

수 있는 것보다 훨씬 더 현대적인 모습이었다. 예를 들어 1913년 독일 철도의 총연장은 6만 3,378킬로미터였는데, 이는 2005년 철도의 총연장인 3만 8,000킬로미터보다 두 배 가까이 더 긴 것이었다.

겉으로 보이는 모습 또한 오늘날과 크게 다르지 않았다. 1912년에 발행된 여행안내서『전문가를 위한 베를린』에서는 당시 베를린 모습을 다음과 같이 묘사하고 있다. 이 글에서 "베르트하임"은 오늘날까지 남아 있는 백화점 체인을 말한다.

독일제국의 수도이자 프로이센 왕국의 수도, 독일 황제와 프로이센 왕의 거주지, 독일제국 의회와 프로이센 의회의 소재지.

최근 자료에 따르면 베를린에는 208만 8,629명, 혹은 대공국 바덴 전체만큼의 사람들이 살고 있다. 주둔하고 있는 군대의 규모는 2만 3,000명이며, 31개의 위성도시를 포함할 경우 베를린의 인구는 301만 9,887명까지 올라간다. 베를린의 면적은 6,352.25헥타르이며, 그 둘레는 45킬로미터다. (…)

베를린의 주요 기차역들은 베를린에 처음 오는 사람들이 도착하자마자 즉시 이 요동치는 거대도시에 들어왔다는 느낌을 받을 수 있는 곳에 위치하고 있다. (…) 처음으로 가야 할 곳은 프리드리히 거리로부터 라이프치히 거리로 내려가는 길, 다음은 라이프치히 거리에서 포츠담 광장 쪽으로 올라가는 길이다. 이 길에는 "베르트하임"이 있는데, 당연히 들어가 봐야 한다. 그러면 현기증 나는 베를린 생활의 한복판에서 느끼게 되는 속수무책의 기분을 처음으로 알게 될 것이다.

"베르트하임"에서 나와서는 포츠담 광장 쪽으로 계속 걸어간다. 베를린 교통의 물결에 직접 부딪혀보기 위해서는 대략 오른쪽 문에서부터 포츠담 역 오른쪽 옆에 있는 지헨 맥줏집까지 광장을 가로질러 가야 한다! 그러고 나서는 그 자리에 서서 한동안 이 계속해서 움직이는, 그 어디에서도 찾아볼 수 없는 광경을 바라본다. 저녁 7시에서 8시 사이에는 포츠담 광장까지 이어지는 이 길을 다시 한 번 걸어봐야 한다. 그리고 나서 5번 버스를 타고 되돌아간다. 이때는 버스의 승강장 쪽으로, 그러니까 라이프치히 거리의 "베르트하임" 쪽을 바라보고 서야 한다.

이제 눈앞에 펼쳐지는 광경, 인파와 불빛과 자동차들의 믿을 수 없는 움직임을 보여주는 광경, 이것이 바로 베를린이다! 버스가 라이프치히 거리에서 프리드리히 거리로 돌아 들어가면 이제 그 절정을 만나게 된다. 프리드리히 거리 기차역까지 이어지는 네온사인, 전등, 투명간판들의 불빛 물결이 넘실대는 인파들과 함께 활기를 띠기 시작하는 것이다.

거리를 가득 메운 인파와 자동차들, 온갖 상품들로 가득한 호화로운 백화점, 화려한 간판들이 번쩍이는 거리 등, 네온사인만 제외하면 오늘날 베를린의 것이라 해도 믿을 수 있을 법하다. 참고로, 독일에서 네온사인 간판은 현재 금지되어 있다. 이와 같은 풍경은 「변신」이 발표되던 당시 독일의 사회적 환경이 얼마나 오늘날과 유사했는지를 잘 보여준다.

또 막스 크레처Max Kretzer의 소설 『기만당하는 자들Die Betrogenen』에는 19세기 말 거대도시로 성장한 베를린과 그곳에서 살아가는 공장노동자들이 다음과 같이 묘사되고 있다.

(…) 상점들 밖에서는 벌써 화사하고 변화무쌍한 움직임이 물결치고 있다. 이 거대도시의 생활이 밝은 아침햇살 속에

서 날카로운 소음과 둔중한 바퀴 소리와 함께 고동치고 있다. 노선마차가 종을 울리고, 버스들이 덜컹거리며 지나가고, 자동차가 꼬리를 물고 서 있다. 마치 나란히 붙어 있으면서 그 고리들이 계속해서 떨어져나가는 화사한 사슬들처럼 보행자들이 인도 위에 나타난다. 그들은 멈춰 서서 쇼윈도를 바라보지만, 아무것도 사지는 않는다. 주위를 둘러보고, 계속해서 걸어간다. 바쁘게, 천천히, 쉬지 않고, 멍하게, 진지하게, 유쾌한 기분으로-대도시의 시민으로서 함께 속해 있다는 느낌에서는 서로가 잘 알고 있다. 그러나 개개인에 대해서는 아는 것이 없다. 그렇게 사람들은 물결치고, 또 여기저기로 빠르게 흘러간다. 살아 있는 바다, 반짝거리는, 빛나는, 기만적인, 이처럼 매혹적인, 낭떠러지와 심연으로 가득한 평지 위에서, 하품을 하며, 끔찍하게….

이것이 바로 라이프치히 거리다. 티어가르텐의 백만장자들이 살고 있는 고급저택의 녹색 정원으로부터 왕이 살고 있는 이 도시의 심장, 돌로 만들어진 심장으로 이어지는 핏줄, 화려하고 열정적으로 흘러가는 베를린의 핏줄. (…)

시계는 이제 겨우 밤 10시를 넘어서고 있었다. 거리는 매우 붐볐다. 왜냐하면 오늘은 토요일, 그러니까 임금을 받는 날이기 때문이었다. 그리고 이날은 도시의 특정 지역에서 방탕한 밤을 통해 일요일로 이어지는 그런 날이었다. 그런 밤이면 베를린은 다른 외형을 갖추게 된다. 모두가 더 밝게 웃고, 모든 얼굴들이 더 즐겁게, 더 적극적으로 보인다. 돈벌이에 종속되어 있는 모든 개인들이 48시간 내내 자기 마음대로 할 수 있다는 기분을 갖게 된다. 이것이 그들을 대담하게 하고, 자유분방하게 하며, 평소보다 더 자유롭게 숨 쉬게 하고, 경솔한 언행을 불러일으킨다.

그런 밤이면 모든 사람들은 교회에 가서 딸랑거리는 동전으로 제물을 바쳐서라도 사랑하는 하느님께서 일곱 번째 날을 만들어주신 것에 대해 감사를 표하기라도 하려는 것만 같았다. 미혼의 노동자들은 특히 엿새 동안의 긴 노동에 대한 보상을 받으려고 했다. 오늘 그들은 마치 언제고 두둑한 주머니를 치며 "오늘 우리는 즐거운 밤을 보낼 거야."라고 말하려는 것처럼 고개를 높이 들고 있다. 그리고 그다음 주 세 번째 날에 다시 궁핍한 삶을 이어나가기 위해 선술집이나 식당에서 외상을 져야 할 때면, 그것에 신경을 쓰는 사람은 아무도 없다! 오늘은 그들도 한번 즐겨보려는 것이고, 사람을 도취시키는 베를린의 독이 섞인 숨결을 조금 맛보기 위해 돈을 기부하려는 것이다. (…)

도시 변두리에서는 삶의 쓰라림에 대한, 그리고 결혼생활에서의 실망에 대한 보상을 술에서 찾고자 하고, 또 제때에 찾는 사람들을 볼 수 있다. 선술집이 오늘은 그들의 천국이고 가득 채워진 소주잔은 그들의 즐거움이다-이들은 그 속에서 이상하고 이해할 수 없는 것들을 탐닉하고, 멍한 표정으로 꿈꾸며, 거의 정신착란 상태에서 상상하는 것이다….

(…) 그의 옆에는 초라한 옷차림의 여윈 여인이 걸어가고 있었다. 바로 그의 가련하고 불쌍한 부인이었다. 그녀는 남편을 맞이하기 위해 오랫동안 공장의 문 앞에 서 있었다. 그리고 이 술집 저 술집을 따라다녔으며, 그가 힘들게 번 돈을 술 마시는 데 쓰기 위해 주머니에서 움켜쥐는 것을 열두 번도 더 보았다. 그가 취하는 것을 보았으며, 마침내 혀 꼬부라진 소리로 말하는 것을, 더듬더듬 말하는 것을 들었다. 그러나 그녀는 남편의 곁에서 떨어지지 않았다-남편이 집으로 가져와야 할 몇 푼 안 되는 돈을 위해서였다. 왜냐하면 그가 인사불성이 되도록 취하기 전에는, 사람들이 그를 데리고 가야 할 때까지 취하기 전에는, 집으로 가도록 설득할 수 없다는 것을 잘 알고 있기 때문이었다. 그리고 집에는 굶고 있는

아이들이 기다리고 있었다. 빵을 달라고 소리치고 있었다. 불쌍한, 불쌍한 아이들이….

이 소설에서는 도시빈민화된 노동자 계급의 비참한 일상이 화려한 도시 모습과의 대조를 통해 효과적으로 묘사되고 있다. 자본주의화된 사회에서 벌어지는 노동 착취 문제는 이미 19세기 중반 이후부터 커다란 사회 문제가 되었다. 초기 자본주의 사회의 열악한 생활조건과 노동조건, 임대료 상승에 훨씬 못 미치는 낮은 임금 상승률 등이 노동자들 삶을 견디기 힘든 것으로 만들었다.

1900년경 베를린 가정의 43퍼센트가 방 하나짜리 집에서, 28퍼센트가 방 두 개짜리 집에서 살았다. 한 방에 여덟명씩 자야 하는 경우도 드물지 않았고, 많은 가정에서 난방은 부엌만 가능했다. 또 화장실은 대부분 공용 정원이나 계단실에 있었고, 1910년을 기준으로 욕실을 가진 집은 1,000가구당 137가구에 불과했다고 하니 노동자들 삶의 조건이 얼마나 열악했는지 쉽게 짐작할 수 있다.

소외된 인간의 존재 의미

그러나 보다 큰 문제는 집안 수입을 담당하는 자가 노동 중 부상을 당하거나 병에 걸려 더 이상 노동을 할 수 없게 되었을 때 생겨났다. 인간의 가치가 오로지 경제적 기준으로만 판단되는 자본주의 사회에서 노동을 할 수 없게 된 자는 아무런 가치가 없는 인간이었다. 노동력을 잃은 노동자는 쉽게 다른 인력으로 대체되었으며, 아무런 사회적 보호를 받지 못한 채 사지에 내버려졌다. 자연주의 작가인 게르하르트 하우프트만^{Gerhart Hauptmann}은 자신의 희곡『해 뜨기 전^{Vor Sonnenaufgang}』(1889)에서 이를 다음과 같이 묘사하고 있다.

로트 예를 들면 얼굴에 땀을 흘리고 있는 사람들은 굶주리는데, 게으른 사람들이 지극히 사치스럽게 살고 있는 것이 잘못된 거예요. (…) 저는 그런 잘못된 일을 특히나 더 분명하게 목격했던 것을 기억해요. 그때까지 저는 살인이란 어떤 경우에도 범죄로서 처벌받아야 한다고 믿고 있었어요. 하지만 그 일을 보고 난 후에는 그저 온건한 형태의 살인만이 불법적이라는 사실을 분명하게 알게 되었지요. (…) 제 아버지는 비누제조 장인이셨습니다. 우리는 공장 바로 옆에 살았었는데, 우리 집 창문이 공장 마당 쪽으로 나 있었어요. 거기서 저는 그 밖에도 여러 가지 것들을 보았답니다. 한 노동자가 있었어요. 5년 동안 그곳에서 일을 했지요. 그런데 그 사람이 심하게 기침을 하고 여위기 시작했어요. (⋯) 저는 아버지가 식사 중에 했던 말을 기억하고 있어요. 부르마이스터가—그것이 그 노동자의 이름이었어요—계속 비누공장에서 일을 하면 폐결핵에 걸리게 될 것이라는 거였지요. 의사가 그렇게 이야기를 했다고 해요.—그 사내에게는 아이가 여덟이나 있었지만, 그렇게 쇠약해진 상태에서는 다른 일자리를 구할 수도 없었어요. 비누공장에서 계속 일을 할 수밖에 없었던 거예요. 사장은 그 사람을 그대로 두는 것을 중요하게 생각했는데, 겉으로는 무슨 일이 있든 인간적으로 보이고 싶어 했던 거죠.—8월 어느 날 오후에, 끔찍하게 더웠어요. 그날 그 노동자가 손수레 가득 석회를 싣고 공장 마당을 힘들게 지나가고 있었어요.—저는 그때 마침 창밖을 내다보고 있었죠. 그때 저는 그 사람이 멈춰 서는 것을 보았어요.—자꾸 자꾸 멈춰 섰어요. 그리고 마침내는 돌바닥에 쓰러져버렸답니다.—저는 그곳으로 달려갔어요.—아버지도 오셨고, 다른 노동자들도 왔어요. 그렇지만 그 사람은 그저 간신히 숨을 쌕쌕거리며 쉴 뿐이었어요. 입에는 피가 가득했고요. 저는 그를 도와 집으로 데리고 갔어요. 그 사람은 석회를 뒤집어쓴, 온갖 화학약품 악취가 나는 누더기 한 꾸러미에 불과했어요. 우리가 집에 데려다놓기도 전에 그는 죽어버렸어요. (…) 그로부터 8일이 채 지나기도 전에 우리는 그의 부인을 공장에서 사용된 양잿물이 버려지는 강에서 건져냈어요.

이러한 상황 속에서 살아남기 위해 노동자들은 시민운동가들과 정치인들의 도움을 받아 스스로 정치세력화하기 시작했으며, 곧 사회주의 정당을 설립하여 빠르게 세력을 넓혀가기 시작했다. 우리가 잘 알고 있는 실업보험, 노동재해보험 등의 사회보장제도는 이러한 맥락에서 생겨났다. 19세기 후반에 사회보장제도라는 사회주의적 제도를 처음으로 만든 것은 그러나 아이러니하게도 사회주의를 철저하게 반대하던 독일 수상 오토 폰 비스마르크였다.

그는 사회주의 성장을 막기 위해 한편으로는 사회주의 정치활동을 금지하는 반사회주의자 법을 만들고, 다른 한편으로는 노동자들 삶의 조건을 개선할 수 있도록 사회보장제도를 만들었던 것이다. 물론 노동자들의 정치적 성장 없이 이러한 제도가 만들어지지 않았으리라는 사실은 자명하다.

이렇게 노동자들의 자발적인 노력과 제도적인 변화 덕분에 노동자들 삶의 조건은 점진적으로 향상되었지만, 자본주의의 보다 근본적인 문제는 해결될 수 없었다. 그것은 우선적으로 대량생산과 대량소비를 바탕으로 하는 자본주의 사회에서 인간이 상품의 생산 과정에서 소외될 수밖에 없다는 데에서 기인했다. 전통적인 수공업적 생산에서 인간은 재료 구입으로부터 최종적인 상품 완성에 이르기까지 생산 과정의 주체였다.

예를 들어 의자를 생산하는 수공업자라면 도제들과 함께 재료 구입으로부터, 나무 가공과 조립, 도색 과정에서부터 완성된 상품 포장에 이르기까지 모든 과정에 관여한다. 그러나 의자를 생산하는 공장에서라면 인간의 역할은 전혀 다르다. 공장에서 일하는 노동자는 반복적으로 재료를 구입하거나 가공만 할 뿐, 생산 과정 전체에도, 최종적으로 생산된 상품에도 관여하지 못한다. 대량생산 과정에서 인간은 생산 과정의 단 한 순간에만 관여하며, 자신이 하는 일의 의미와 결과를 알지 못한 상태에서, 즉 생산 결과로부터 단절되고 소외된 상태에서 일을 하게 되는 것이다.

이때 인간은 더 이상 생산 주체가 아니며, 생산 과정에 종속된 기계부품과도 같은 상태로 전락한다. 이제 인간은 생산과 관련된 사회적 활동에서 삶의 의미를 찾을 수 없게 되었으며, 다른 역할을 부여받은 타인과의 접점을 상실한 채 혼자 남겨지게 된다. 생산 과정에서 소외된 인간은 스스로 삶의 의미를 찾기 어려우며, 그 결과 생산 과정에서 그가 만들어내는 경제적 가치, 즉 그가 벌어들이는 소득으로써만 존재 의미가 결정된다.

잠자의 변신과 노동력의 상실

자본주의 사회 속에서 생겨나는 이와 같은 존재론적 불안을 카프카는 누구보다도 더 잘 알 수 있는 환경에서 살았다. 1883년 7월 3일 프라하에서 자수성가한 유대 상인 헤르만 카프카와 어머니 율리 카프카 사이에서 장남으로 태어난 카프카는, 1910년에 프라하에 있는 독일계 대학에 입학하여 법학과 독일문학을 공부했다. 당시 체코는 합스부르크 가문이 지배하는 오스트리아–헝가리 이중제국의 일부였다.

1906년에 법학박사 학위를 취득한 카프카는 이듬해인 1907년에 '일반보험회사'에 입사했다가 1908년에 '노동자 재해보험국'으로 직장을 옮겨 건강상의 문제로 더 이상 일을 할 수 없게 된 1922년까지 일을 했다. 그가 「변신」 집필을 시작한 것이 1912년이었으니, 그의 소설에 직장생활 경험과 노동자 재해보험국에서 알게 된 사례들이 영향을 끼쳤으리란 것은 쉽게 짐작할 수 있다.

「변신」을 자본주의 사회 속에서 누구나가 겪게 되는 인간 소외에 대한 묘사로 보고자 할 경우, 이 작품에서 불가사의한 것처럼만 보였던 여러 사건들이 비교적 쉽게 이해된다. 한 집안의 전체 소득을 담당하던 아들이 갑자기 벌레로 변했다는 것은 그가 노동 능력을 상실했으며, 자본주의 사회 속에서 더 이상 아무런 가치가 없는 인간이 되었다는 것을 의미한다. 이는 출근을 종용하기 위해 그를 찾아온 지배인의 에피소드에서 분명하게 드러난다.

"잠자 씨", 지배인이 목소리를 높여 외쳤다. "무슨 일이에요? 거기 방안에 틀어박혀서 네, 아니오라는 대답밖에 하지 않으니, 부모님께서 쓸데없이 큰 걱정을 하고 계시잖아요. 그리고 이건 그냥 부수적으로 언급하는 거지만, 당신이 지금 하고 있는 건 사실 듣도 보도 못한 방식으로 당신 업무상의 의무를 저버리는 일입니다. 저는 여기서 당신 부모님과 사장님의 이름으로 말하고 있어요. 아주 진지하게 즉각적이고도 분명한 해명을 요청하는 바입니다. 놀랍군요, 놀라워요. 나는 당신을 조용하고 이성적인 사람이라고 믿고 있었단 말이죠. 그런데 이제 갑자기 이상한 변덕을 과시하려 하다니. 오늘 아침에 사장님께서 잠자 씨가 나타나지 않은 그럴 법한 이유에 대해 암시를 하긴 하셨어요. 얼마 전부터 당신이 맡고 있는 수금업무 말이에요. 하지만 나는 그럴 리가 없다고 거의 맹세까지 했습니다. 그런데 지금 여기서 당신이 이해할 수 없는 고집을 부리는 모습을 보니 조금이라도 당신 편을 들어주고 싶은 생각이 완전히 사라져버리는군요. 게다가 당신 자리는 전혀 확실한 게 아니에요. 원래는 조용히 당신하고만 이야기를 하려고 했지만, 당신이 이렇게 쓸데없이 내 시간을 낭비하도록 하고 있으니, 당신 부모님이 함께 들어선 안 될 이유를 알 수가 없군요. 그러니까 지난 몇 주 잠자 씨 실적은 전혀 만족스럽지 않았단 말이에요. 지금

이 특별히 장사가 잘되는 시기가 아니라는 건 우리도 인정해요. 하지만 장사가 전혀 되지 않는 시기란 건 절대로 존재하지 않아요, 잠자 씨, 그런 시기는 있어서는 안 됩니다."

잠자는 불의의 사건으로 직장에 나갈 수 없게 되었다. 그러나 이에 지배인이 즉각 그를 찾아온 이유는 그가 걱정되어서라거나, 건강상의 문제가 있는지 알아보기 위해서가 아니다. 지배인은 잠자가 수금한 돈을 가지고 잠적하려는 의도가 있는 것이 아닌지 확인하고, 부모 앞에서 그의 실적이 좋지 않다는 사실과 그로 인해 일자리를 잃을 수도 있다는 사실을 주지시켜 그에게 출근을 강요하기 위해 잠자를 찾아온 것이다.

지배인의 이러한 태도로 미루어볼 때, 잠자의 변신은 단순히 기이한 사건이나 인간적인 동정을 불러일으키는 사고가 아니라 돌이킬 수 없는 노동력의 상실을 의미한다. 이제 그는 직장을 잃게 되고, 더 이상 돈을 벌 수 없게 될 것이다. 이런 상황에 대한 대비책은 존재하지 않는다. 이제 남은 문제는 가족이다.

잠자가 개인적인 삶을 포기하면서까지 부양하기 위해

애썼던 가족, 아버지와 어머니, 그리고 여동생은 경제적 가치를 상실한 잠자를 어떻게 대할 것인가? 그들에겐 가족으로서의 가치가 여전히 소중한가? 경제적인 의미에서 이제 가장이 아니라 부양해야 할 가족구성원이 되어버린 잠자는 어떻게 인식될 것인가? 이것이 바로 이 작품의 핵심적인 질문이다.

가장 극단적인 방식의 전개

세 사람의 반응은 처음에는 조금씩 다르다. 여동생은 오빠에 대한 애정이 가장 큰 것으로 보인다. 그녀는 몰래 벌레로 변한 오빠가 좋아할 만한 상한 음식을 가져다주기도 하고, 어머니와 아버지가 그레고르에게 노골적으로 반감을 보일 때에도 오빠를 보호하고자 한다. 그러나 마지막 순간에 가장 단호하게 벌레와 오빠를 구별하는 것도 다름 아닌 여동생이다.

"엄마, 아빠", 여동생이 손으로 탁자를 내리치며 말을 시작했다. "이런 식으로 계속 살 순 없어요. 엄마, 아빠는 어쩌면 상황 파악이 안 되시는지 모르겠지만, 저는 잘 알아요. 저는 저 괴물을 오빠라고 부르지 않겠어요. 그래서 이렇게만 말할게요. 저것을 치워버리기 위해 노력해야 해요. 우린 저걸 돌보고 참아내기 위해 인간으로서 할 수 있는 일을 다 했어요. 그 누구도 우리를 조금이라도 비난할 수는 없다고 생각해요."

어머니는 그레고르가 벌레로 변했을 때 가장 크게 충격을 받는 인물이다. 그러나 세를 주기 위해 그레고르의 방을 치울 때 어머니의 모습은 그 충격이 아들을 잃었다는 사실로 인한 것인지, 아니면 앞으로 닥쳐올 경제적인 문제에 대한 예감으로 인한 것인지 분명하지 않아 보이게 만들어준다. 방의 가구를 치울 때 벌레로 변한 아들에 대한 배려심은 조금도 보이지 않기 때문이다.

한편 아버지는 벌레로 변한 그레고르에게 가장 적대적인 인물이다. 아버지는 처음부터 벌레로 변한 그레고르에게 반감이 컸으며, 밖으로 기어나온 그레고르를 위협하기 위해 사과를 던져 몸에 꽂아 넣음으로써 결과적으로 그레고르를 죽음으로 몰고 간다.

약간의 온도차는 존재하지만 이들은 결국 자의적으로

벌레가 그레고르가 아니라는 결론을 내리며, 그레고르가 죽었을 때에는 그 어떤 동정도 없이 기쁜 마음으로 자신들의 미래를 준비한다.

이제 세 사람은 함께 집을 나섰다. 지난 몇 달 사이 전혀 하지 못했던 일이었다. 그러고는 전차를 타고 교외로 나갔다. 그들만 타고 있는 전차에는 따듯한 햇빛이 비쳤다. 편하게 좌석에 기대앉아 세 사람은 미래의 전망에 대해 이야기를 나눴다. 자세히 들여다보니 그들의 미래는 전혀 나쁘지 않았다. 그동안 서로가 전혀 묻지 않았었지만, 세 사람의 일자리가 모두 아주 괜찮았으며, 특히 앞으로의 전망도 좋았기 때문이었다. (…) 그렇게 이야기를 나누는 동안 잠자 부부는 점점 더 활기가 넘쳐가는 딸을 보며 거의 동시에 (…) 그녀가 지난 몇 달 사이 아름답고 풍만한 아가씨로 성장했다는 사실을 알아차렸다. 점점 더 차분해지면서, 또 거의 무의식적으로 이해의 눈길을 주고받으며 두 사람은 곧 그녀를 위해 훌륭한 남편을 찾아야 할 때가 오리라고 생각했다. 그리고 전차가 목적지에 도착하여 딸이 제일 먼저 일어나 그녀의 젊은 몸을 활짝 펼쳤을 때, 그것이 그들의 새로운 꿈과 좋은 의도에 대한 증명인 것처럼 여겨졌다.

이러한 상황은 자본주의적인 인간 소외 상황이 가족에 까지 도달했음을, 경제적 가치가 가족 사랑에까지 영향을 미치고 있음을 극적으로 보여준다. 그러나 이 상황에 대해 우리는 잠자의 부모와 여동생을 비난할 수 있을까? 가족구 성원 간의 이러한 관계는 개인의 성격에 의해 결정되는 것 이 아니라, 자본주의라는 사회경제적 시스템에 의해 결정 된다. 그리고 그러한 점에서 잠자의 부모와 여동생은 비난 의 대상이 될 수 없다.

이처럼 이 작품에서는 인간 소외 문제가 상상할 수 있는 가장 극단적인 방식으로 전개된다. 인간이 벌레로 변하여 노동력을 상실하는 상황은 현실적으로 불가능한 것이기 때문이다. 그러나 그 결과는 지극히, 지극히 현실적이다.

「변신」
환상문학으로의 초대

카프카의 세계와 환상문학

「변신」이 특별한 것은, 이 작품이 자본주의 사회에서의 인간 소외 문제를 다루고 있기 때문만이 아니다. 그것을 이렇게 매우 특이한 방식으로, 또 그 어떤 작품들보다 더 효과적으로 묘사하고 있기 때문이다. 「변신」이 인간 소외를 묘사하는 특이한 방식은 우선 사람이 '벌레'로 변한다는 설정에서 만들어진다. 이는 자연법칙을 파괴하는 초현실적 사건으로서 「변신」을 환상문학 범주 안에 들어서도록 만든다. 그러나 카프카의 이 기괴한 소설은 전통적인 환상문학의 성격을 전혀 따르고 있지 않다.

초자연적 사건이 벌어지는 최초의 환상문학은 18세기 영국에서 처음으로 등장했다. 영국의 정치가이자 소설가였던 호레이스 월폴Horace Walpole이 1764년에 발표한『오트란토 성The Castle of Otranto』이 바로 그것이다. 그러나 현대적인 모습의 환상문학은 계몽주의 시대 바로 뒤에, 즉 이성 중심주의에 대한 반발로 생겨난 또 하나의 문학사조인 낭만주의 시기에 처음으로 전성기를 맞았다.

이 시기를 대표하는 환상문학 작가는 E. T. A 호프만으로서, 그는 발레극 원작으로 유명한『호두까기 인형과 생쥐 왕Der Nussknacker und der Mausekönig』(1816), 프로이트의 분석으로 유명해진 단편소설「모래사나이」(1816), 장편소설『브람빌라 공주Prinzessin Brambilla』(1820),『수고양이 무어의 인생관Lebens-Ansichten des Katers Murr』(1819/21) 등을 발표하며 환상문학의 첫 번째 전성기를 이끌었다.

흥미로운 것은 환상문학의 두 번째 전성기 역시 이성과 과학이 어느 때보다 중요한 사회발전의 원동력이 되었던 19세기 후반과 20세기 초에 찾아왔다는 것이다. 이 시기에는 구스타프 마이링크Gustav Meyrink, 알프레트 쿠빈Alfred Kubin, 한스 하인츠 에버스Hanns Heinz Ewers, 헤르만 웅가르Hermann Ungar,

베르너 베르겐그루엔Werner Bergengruen, 프리츠 폰 헤르츠마노 프스키-오를란도Fritz von Herzmanovsky-Orlando 등 많은 작가들이 다양한 환상문학 작품들을 발표했다.

이러한 전통적인 환상문학 작품들을 다른 문학작품들 과 구별짓는 것이 무엇인지에 대해서 학자들은 오랫동안 논의해왔다. 모든 환상문학 작품들에서는 자연법칙과 현 실의 법칙성을 파괴하는 초자연적 사건이 벌어지지만, 초 자연적 사건이 벌어진다고 해서 모두 환상문학이라 할 수 는 없기 때문이다.

예를 들어 어떤 시에서 시적 자아가 "나는 매일 밤 사랑 의 날개를 활짝 펴고 너에게 날아간다"고 말했다 해서 그 시를 환상문학이라고 할 수는 없다. 여기서 "날개를 활짝 펴고" "날아간다"는 것은 실제로 날아가는 것을 의미하는 것이 아니라, "멀리 있는 연인을 그리워하며 마음으로 찾 아가는 것"을 비유적으로 표현한 것이기 때문이다.

또한 "옛날 옛적 어느 나라에 왕과 왕비가 살았는데"로 시작되곤 하는 동화는 그 안에서 아무리 초자연적인 사건 들이 벌어진다 하더라도 환상문학으로 분류하기 어렵다. 이 이야기들은 우리가 살아가는 현실과는 다른, 마법과 초자연적 사건들이 당연한 것으로 여겨지는 미지의 시대와 장소를 배경으로 하고 있기 때문이다. 이러한 성찰들을 고려할 때 환상문학의 기본적인 속성은 '우리가 살아가는 현실 속에서 초자연적 사건이 벌어지는 소설'이라 할 수 있다.

초자연적 사건이 만드는 '세계의 균열'

이와 같은 특징 때문에 환상문학은 몇 가지 공통적인 성격을 갖는다. 우리가 살아가는 현실 속에서 초자연적 사건이 벌어진다는 것은 우리가 살아가는 세계와 일상생활을 결정짓는 법칙성이 깨진다는 것을 의미하며, 이것은 안정적으로 보이는 우리 세계의 질서가 언제든 깨질 수 있다는 것으로 해석될 수 있다. 환상문학이 현실비판적인 성격을 가진다면, 이는 바로 초자연적 사건으로 생겨난 이러한 '세계의 균열' 때문이다.

일반적으로 전통적인 환상문학은 작품 앞부분에 초자연적 사건이 발생하며, 이것이 진짜 초자연적인 것인지, 아니면 '설명하긴 어렵지만 벌어질 수 있는 일'이 벌어진 것인지를 밝혀내는 것이 작품의 주된 줄거리를 이룬다. 이 과정에서 현실의 법칙성, 규칙성이 어떻게 파괴될 수 있는지,

완고한 것처럼 보였던 세계질서가 얼마나 균형을 잃기 쉬운 것인지가 폭로된다.

그러나 우리가 잘 알고 있다시피 오늘날 환상적 소재들은 사회비판적 주제를 다룬 진지한 문학보다는 쉽게 소비되는 대중문학에서 더 자주 활용된다. 이러한 문화적 경향이 나타나는 데에는 1950년대 『반지의 제왕』의 성공과 1990년대 『해리 포터』의 여러 미디어를 넘나드는 대성공이 커다란 영향을 끼쳤지만, 이는 또한 환상적 소재가 가진 기본적인 성격 때문이기도 하다.

현실 법칙을 깨뜨리는 초자연적 사건은 앞서 설명한 것처럼 현실의 질서가 얼마나 불안한 것인지를 보여주기도 하지만, 다른 한편으로는 소설 주제와 독자의 시선을 현실로부터 분리시키는 성질을 가지고 있기도 하다. 그리고 개인적인 이해관계가 얽힌 복잡한 현실로부터의 거리 두기가 쉽게 소비되는 대중문화의 핵심적인 속성이라는 사실을 고려하면, 환상문학을 포함한 판타지 장르가 오늘날 상업적 대중문화에서 크게 각광받는 것은 놀라운 일이 아니다.

커다란 화면 속에 몸집이 작고 발이 큰, 선량한 호빗족의 마을이 등장할 때, 해리 포터가 킹스크로스 역의 기둥을 가볍게 뚫고 지나가 호그와트로 향하는 기차를 탄다는 이야기를 읽을 때 우리는 이제 눈앞에 펼쳐질 이야기가 우리 현실과는 전혀 상관이 없는, 자유로운 상상으로 만들어진 완전한 허구 세계 속에서 전개될 것이라는 사실을 알게 된다. 그리고 지금 우리 머리를 사로잡고 있는 사회·정치적인 문제와 개인적인 문제들로부터 벗어나 마음껏 흥미로운 이야기를 즐길 수 있는 마음 상태가 된다.

기괴한 환상 속에 그려진 현실

그렇다면 이러한 환상문학 관점에서 볼 때 카프카의 「변신」은 어떤 작품일까? 전통적인 환상문학 작품들과 마찬가지로 「변신」은 초자연적 사건과 함께 시작된다. 주인공인 잠자가 '벌레'로 변하는 것이다. 이러한 초자연적 사건은 이제 두 가지 전개 가능성을 갖는다. 하나는 현실 법칙성을 깨뜨림으로써 현실 질서의 불안정함을 폭로하는 것이고, 다른 하나는 독자들의 시선을 환상세계로 유도함으로써 현실로부터의 거리를 만드는 것이다.

갑자기 사람이 벌레로 변하는 상황은, 호프만의 「모래 사나이」에서 이성이 지배하는 시대에 환상 속 존재인 모래

사나이가 등장하여 주인공 눈을 빼가겠다고 위협하는 것처럼 사회의 주도적인 질서를 깨뜨리는 것이 아니다. 아무런 맥락도 없이, 예를 들어 영화 〈더 플라이〉에서처럼 텔레포터 연구 도중 파리가 끼어들었다든가 하는 나름대로의 논리를 갖춘 사전 설정 없이 갑자기 사람이 벌레로 변했다는 설정, 이는 독자로 하여금 작중세계가 현실과 유사한 모습을 가지고는 있지만 우리가 살아가는 현실과는 완전히 다른 세계라고 인식하도록 만든다. 이제 독자는 복잡한 현실로부터 벗어나 가벼운 마음으로 문학작품을 즐길 준비를 하게 된다.

그런데 「변신」의 작중세계는 전통적인 환상문학의 작중세계와는 뭔가 다르다. 일반적으로 전통적인 환상문학에 등장하는 작중세계는 허구이기는 하지만 독자가 살아가는 세계와 동일한 곳으로 인식된다. 이는 세계의 외형이 현실세계와 동일하기 때문에 가능한 것이기도 하지만, 동시에 작중세계를 지배하는 자연법칙과 일상적 법칙이 현실세계와 동일하기 때문이기도 하다. 따라서 작중세계에서 초자연적인 사건이 벌어지면, 작중세계 인물들은 독자인 우리와 똑같이 깜짝 놀라거나 경악을 금치 못하며, 어떻게든 그 초자연적 사건을 자신들의 지식과 논리로 설명해 보려고 노력한다.

그러나 「변신」 속 등장인물들은 그 누구도 잠자의 변신에 놀라지 않는다. 그들은 그런 끔찍한 일이 벌어졌다는 사실에 안타까워하고 슬퍼하지만, 이들의 반응과 태도는 큰 병에 걸렸거나 교통사고를 당한 사람을 보고 있는 듯한 모습일 뿐, 자연법칙적으로 불가능한 사건을 목격한 사람이 보여줄 것으로 기대되는 모습은 아니다. 잠자 역시도 자신의 변신에 그렇게 놀라는 기색을 보이지 않는다.

이러한 모습은 원래 우리가 동화에서 흔히 보아온 것이다. 예컨대 거울이 세상에서 가장 아름다운 여인의 모습을 보여주거나, 아름다운 왕비가 마법의 약을 먹고 노파로 변신해도 동화 속 세계에서는 아무도 놀라지 않으며, 그 이야기를 읽는 독자들 역시 놀라지 않는다. 동화 속 "아주 먼 옛날 어느 나라"는 우리가 살아가는 현실세계와는 전혀 다른 법칙을 가지고 있으며, 현실세계와는 아무런 관련이 없는 독립적인 세계다.

그러나 「변신」의 세계는 그러한 동화적 세계의 독립성과 폐쇄성을 가지고 있지 않다. 「변신」에 등장하는 잠자의 가정은 당대 유럽의 평범한 가정의 모습을 가지고 있으며, 구체적으로 제시되지는 않지만 "아주 먼 옛날 어느 나라" 나 "아주 먼 나라", 혹은 "미들어스"처럼 '어딘가 다른 곳' 으로 설정되어 있지도 않다. 말하자면 「변신」의 세계는 현실 한복판에 들어온 동화처럼 마법이나 초자연적인 사건을 당연한 것, 있을 수 있는 일로 생각하는 사람들이 살아가는 현실세계다.

일상화된 환상성, 환상문학의 지평을 넓히다

맥락 없이 등장하는 초자연적 사건, 현실적인 배경, 그러나 초자연적인 사건에 놀라지 않는 인물들. 익숙한 요소들을 이전 환상문학에서 찾아볼 수 없던 새로운 방식으로 조합하는 것은 환상문학으로서 「변신」이 가진 가장 눈에 띄는 특징이면서, 동시에 환상문학으로서 「변신」의 성격을 규정하는 가장 중요한 장치다.

「변신」은 아무런 맥락 없이 초자연적인 사건을 제시하고 이에 놀라지 않는 인물들을 등장시킴으로써 독자들을 현실세계로부터 멀리 떼어놓지만, 이를 제외한 나머지 작중세계 묘사에서는 현실세계의 외양을 그대로 유지한다.

이는 이후의 줄거리 전개를 생각하면 매우 흥미로운 설정이다.

초자연적인 사건 이후 벌레로 변한 잠자가 가족과의 의사소통에 실패하며 점점 그가 가족으로부터 소외되어가는 모습을 보여줌으로써, 궁극적으로는 그가 가족에게 짐처럼 느껴지고 결국 죽음에 이르는 모습을 보여줌으로써 작중세계의 성격은 변화한다. 즉 초자연적인 사건이 당연한 것으로 이해되었던 작중세계는 외양만 사실적인 환상세계가 아니라, 어느새 우리가 살아가고 있는 세계보다 더 현실적인, 현실의 모순과 문제를 보다 극적인 형태로 보여주는 변형된 현실세계가 되어버리는 것이다.

카프카는 벌레로의 변신이라는 초현실적 상징을 사용함으로써 현실세계의 모순을 보다 강조하여 보여준다. 뿐만 아니라 초자연적 사건을 활용하여 독자를 우선 현실세계 맥락에서 멀리 떼어놓았다가, 알게 모르게 다시 접근하여 현실세계의 모순을 눈앞에 덜컥 던져놓음으로써 독자로 하여금 어쩌면 그동안 너무나 익숙한 것으로, 어쩌면 당연한 것으로 생각했을 현실 문제를 다시 한 번 충격적인 방식으로 인지하도록 만들어준다.

흔히 '일상화된 환상성'이라 불리는 카프카의 새로운 환상성은 이후의 환상문학에 많은 영향을 끼쳤다. 엘리베이터 문이 열리자 양사나이가 문 앞에 서 있었다든가, 하늘에서 탁구대가 내려온다든가, 너무나도 아름답고 순수한 여인이 빨래를 널다가 하늘로 승천한다든가 하는 갑작스러운, 그러나 작중세계에서 아무런 놀라움도 불러일으키지 않는 환상적 사건들은 모두가 카프카의 영향 아래 쓰인 카프카적 환상이라 할 수 있다.

물론 이러한 환상성이 카프카의 경우처럼 현실의 모순과 문제를 보다 효과적인 방법으로 인지시키기 위한 의도로 사용되는 경우는 찾아보기 어렵다. 그러나 카프카의 자유분방하고 기괴한 상상력이 환상문학의 표현 가능성을 예기치 못했던 방향으로 훌쩍 넓혀주었다는 점에는 이론의 여지가 없을 것 같다.

「시골의사」 애초에
해석이 불가능하다면

그 어떤 해석도 허락하지 않는 「시골의사」

우리는 지금까지 「변신」을 자본주의 사회에서 살아가는 인간의 소외를 다룬 작품으로 해석했다. 하지만 당연하게도 이는 가능한 여러 해석 중 하나일 뿐이다. 「변신」은 예를 들어 불치병에 걸린 식구를 돌보는 가족 이야기나, 현대 사회에서 언어를 통한 의사소통의 한계를 묘사하고 있는 이야기 등 다양한 방식으로 해석될 수 있다.

이미 수차례 언급한 것처럼 문학작품 해석에는 정답이 있을 수 없다. 하지만 일반적으로 작품이 발표된 사회적 맥락이나 작가의 전기적 요소, 혹은 작품 내적인 논리 등을 고려하다 보면 여러 가능한 해석들 중 한두 개의 해석이 다른 해석들보다 더 큰 설득력을 얻게 되는 경우가 많다. 그러나 카프카가 쓴 대부분의 소설들은 어떤 맥락에서 고려하더라도 하나의 해석이 다른 해석들보다 명백하게 더 설득력을 얻도록 만들어주지 않는 것처럼 보인다. 또 일부 작품들은 아예 그 어떤 해석도 허락하지 않는 것처럼 보이기도 한다. 이의 대표적인 사례가 「시골의사」다.

「시골의사」는 매우 짧은 단편소설로서 기괴하기 짝이 없는 줄거리를 가지고 있다. 눈보라 치는 밤에 한 시골의사가 위급한 환자에게 와달라는 부탁을 받는다. 급히 출발하려는 의사는 지난밤에 마차를 끌던 자신의 말이 죽었다는 사실을 깨닫는다. 이에 의사의 하녀 로자가 마을에서 말을 빌리려 하지만 이마저 실패하고 만다. 그때 난감해하던 의사 앞에 갑자기 한 마부가 나타나 의사의 마구간에서 말 두 마리를 데리고 나온다. 자신도 모르고 있던 말이 있었다는 사실에 당혹스러워하는 의사가 마차에 타자 마부는 마차를 출발시키고, 자신은 의사의 위협에도 불구하고 하녀를 덮친다.

마차는 마치 날기라도 하듯 순식간에 환자의 집에 도착

한다. 집에는 한 소년이 침대에 누워 있는데, 소년은 아픈 곳이 없다. 이에 당황한 의사 앞에서 사람들은 합창을 하고 의사에게 소년을 진찰하도록 한다. 그러자 의사는 갑자기 소년의 옆구리에서 끔찍한 상처를 발견한다. 이제 사람들은 의사의 옷을 벗기고 그를 소년 옆에 눕힌다. 소년은 의사에게 자신은 아름다운 상처를 가지고 왔으며 나을 수 없을 것이라 말한다. 의사는 소년에게 억지 위로의 말을 전하고는 자신의 옷을 창밖으로 던져 마차에 걸고 자신도 창밖으로 뛰어내려 알몸으로 말을 타고 도망친다.

"나는 자기 자신의 집의 주인이 아니다"

이 이야기는 해석 없이는 대체 무슨 이야기인지 이해하기 어렵다는 점에서 「672번째 밤의 동화」와 비슷하다. 그러나 「672번째 밤의 동화」가 어찌되었든 나름의 개연성과 완결된 줄거리를 가지고 있는 반면, 「시골의사」는 개연성이라고는 눈곱만큼도 찾아볼 수 없는 돌발적 사건들의 연속으로 이뤄져 있다.

갑자기 마부가 나타난다든지, 의사 집 마구간에 원래부터 있을 리 없던 말이 두 마리나 있다든지, 의사를 태운 마차가 눈보라를 뚫고 순식간에 환자의 집에 도착한다든지, 환자 가족이 갑자기 합창을 하고 의사의 옷을 벗긴 후 그를 소년 곁에 눕힌다든지, 의사가 벌거벗은 채 마차를 타고 도망친다든지, 그 마차가 갈 길을 잃고 헤매 다닌다든지 하는 일들. 이러한 일들은 비록 초자연적 사건이라고까지 하기는 어렵지만, 개연성이 너무나 떨어져서 우리 일상을 지배하는 규칙과 법칙들이 모두 해체된 듯한 느낌을 준다.

만약 초자연적 사건이 없는 환상문학이 존재한다면, 아마도 제일 먼저 손에 꼽히는 작품이 바로「시골의사」일 것이다. 이 작품을 읽는 독자는 우선은 이러한 개연성 없는 기괴한 줄거리에 놀라고, 곧 이 소설을 어떻게 이해해야 좋을지 몰라 당혹감을 느끼게 된다. 문학작품을 이해하기 위해서는 작품을 '해석'해야 한다고 알고 있는, 훈련받은 독자라면 아마도 더 큰 당혹감을 느끼게 될 것이다.

이러한 당혹감은 보통 작품을 부정적으로 평가하는 근거가 되지만, 카프카의 경우는 다른 개연성 없는 소설들과는 다르다. 사건 진행에 개연성이 너무나 떨어지다 보니 전체적으로 볼 때 기괴하게 일그러진 문학적 세계가 만들어지고, 그 이미지가 일관성이 있다 보니 개연성 없는 줄거리

이면에 무언가 다른 의도가 있는 것이 아닐까 생각하게 되는 것이다.

카프카의 개연성 없는 기괴한 줄거리와 해석을 거부하는 듯한 이야기가 오히려 많은 연구자들에게 매력적인 것으로 느껴지고, 그 결과 카프카의 작품만큼이나 창의력 넘치는 흥미진진한 해석들이 쏟아져나오는 것은 바로 이 때문이다. 예를 들어 도저히 해석이 불가능할 것 같은 「시골의사」의 경우, 일부 연구자들은 다음과 같은 흥미로운 해석을 제시한다.

해석의 실마리는 이 작품 초반에 등장하는 의사의 발언이다. 마부가 자신의 마구간에서 두 마리 말을 끌고 나오는 장면에서 의사는 허탈한 웃음을 웃으며 다음과 같이 이야기한다.

하녀가 내 곁에 서 있었다. "자기 집에 무슨 쓸 만한 물건이 있는지도 모르고 지냈군요." 그리고 우리들은 웃었다.

연구자들이 이 인용문에 주목하는 이유는 이 발언이 프로이트가 「시골의사」보다 1년 먼저 발표한 에세이 「정신분석학의 어려움「Eine Schwierigkeit der Psychoanalyse」에서 적은 다음 문장과 매우 유사하기 때문이다.

'나'는 자기 자신의 집의 주인이 아니다.

프로이트는 여기에서 우리 자아가 결코 우리 정신 속에서 벌어지는 일 전부를 알지 못한다는 사실을 집의 비유를 통해 표현하고 있다. 앞서도 설명한 것처럼 우리 정신의 가장 큰 부분은 초자아에 의해 통제되고 억압되는 무의식, 즉 욕망의 영역이며, 초자아와 본질적 욕망 사이에서 방황하는 존재인 '나'는 자신의 무의식 영역에서 벌어지는 일들을 단지 꿈 등을 통해서 부분적으로, 간접적으로만 알 수 있다. 따라서 '자아'가 정신이라는 '집'에 사는 '누군가'라면 우리 자아는 결코 '집'의 주인이 될 수 없다.

시골의사의 기이한 이야기는 꿈이 아닐까?

많은 연구자들은 바로 이 비유적 표현에서 「시골의사」를 정신분석학적으로 해석할 수 있는 연결고리를 찾는다. 그리고 실제로 정신분석학적 관점에서 이 소설을 들여다보면 불가사의하게만 여겨졌던 소설의 많은 부분들이 무언가 의미를 가지고 있는 것으로 보이기 시작한다. 의사를 '자아'로, 의사 집을 '정신'의 상징으로 이해한다면 어디서인지 갑자기 나타나 로자를 덮치는 마부와 남성성의 상징인 말은 모두 시골의사의 무의식 속에 숨어 있는 (로자에 대한) 성적 욕망의 의인화된 형태로 해석할 수 있다.

자아가 욕망을 통제하는 역할을 한다는 점을 생각하면, 시골의사가 마차를 타고 환자에게 가는 이 장면은 욕망 실현을 위해 말과 마부가 공모하여 욕망을 통제하는 자아를 몰아내는 것으로 이해할 수 있다. 이런 관점에서 보면 이후의 기괴한 장면들도 어느 정도 해석이 가능하다.

우선 이 모든 일들이 벌어지는 곳은 꿈이거나 꿈과 유사한 상태라고 추정할 수 있다. 프로이트에 따르면 꿈이야말로 욕망에 대한 의식의 통제가 약해져 무의식 속에 억압되어 있던 욕망이 모습을 드러내는 곳이기 때문이다. 꿈속이라고 해도 욕망은 직접적으로 드러나는 것이 아니기에 자아의 다른 모습인 시골의사는 무의식 속에 숨어 있던 욕망을 말과 마부의 형태로 만나게 되는 것이다.

시골의사의 이야기를 꿈이라고 가정하면 갑작스런 장

소 이동 같은 황당한 일도 쉽게 이해된다. 한 장소에서 다른 장소로의 번개 같은 전환은 우리가 꿈속에서 매번 겪는 일이다. 이 때문에 시골의사가 마차에 타자마자 환자 집에 도착하는 장면은 우리 자신의 꿈을 삼인칭 시점에서 관찰하고 있는 듯한 느낌을 준다. 처음에는 발견하지 못했다가 말 두 마리가 창문으로 얼굴을 불쑥 내밀고 나자 눈에 띄는 소년의 상처 역시 사건 진행의 개연성과 내적 논리가 파괴된 꿈의 내러티브와 유사한 모습을 보인다.

그런데 이때 말 두 마리가 창문으로 얼굴을 내미는 장면은, 우리가 정신분석학적 관점에서 이 작품을 해석하고자 한다는 사실을 염두에 두면, 의미심장하다. 남성성을 상징하는 말의 갑작스런 등장은 욕망의 발현, 혹은 욕망의 분출을 의미할 수 있기 때문이다.

이러한 해석을 뒷받침해주는 것은, 말이 다시 등장하고 나서야 소년의 상처가 눈에 띄는데, 이 상처가 여성 성기를 상징하는 구멍의 모습을 가지고 있을 뿐만 아니라 분홍빛이라는 사실이다. 독일어로 '분홍색'은 하녀 이름과 같은 '로자'다. 이 장면은 욕망이 모습을 드러내면서 욕망 대상이 되는 하녀 로자가 상처의 모습으로 등장하는 것으로 이해할 수 있다.

그러나 이 욕망은 충족될 수 없다. 자아의 상징인 시골의사의 역할은 욕망을 충족하는 것이 아니라 욕망이 폭주하는 것을 막는 일이기 때문이다. 이를 위해 시골의사가 취하는 방법은 첫째, 욕망의 대상으로부터 거리를 두고, 둘째, 말을 다시 이동 목적으로 사용하는 것, 즉 말을 통제하는 일이다. 따라서 그는 우선 욕망을 은폐하는 중요한 문명의 도구인 옷을 창밖으로 던져 구출하고, 급한 대로 자신도 벌거벗은 채 창문으로 빠져나가 마차에 올라탄다. 분홍빛 상처로부터 도망치는 것이다.

카프카와 프로이트

시골의사는 이대로 마부가 지배하는 집으로 돌아갈 생각이 없다. 게다가 말들 역시 그의 뜻대로 움직이지 않는다. 꿈과도 같은 무의식 공간인 작중세계에서 욕망의 상징인 말들이 제대로 통제에 따를 리 없기 때문이다. 이로 인해 만들어지는 모습은 기괴하기 짝이 없다.

늙은 사내들처럼 우리는 천천히 황량한 눈길을 갔다. (…)

벌거벗은 채, 너무나 불운한 이 시대의 혹한에 몸을 내맡긴 채, 지상의 마차에다 지상의 것이 아닌 말들로, 나, 늙은 사내는 이리저리 헤매 다니고 있구나. 털외투는 마차 뒤에 걸려 있지만, 내 손은 거기까지 닿지 않는다.

눈보라가 휘날리는 벌판 위에 제멋대로 길을 가는 말 두 마리가 마차를 끌고 있고, 그 마차엔 어쩔 줄 몰라 하는 알몸의 시골의사가 타고 있다. 마차 끝에는 의사의 외투가 걸린 채 질질 끌려가고 있지만, 손이 닿지 않아 의사는 외투를 집어 입을 수도 없다. 시골의사는 욕망을 피해 도망치지만, 결국 마차를 타고 벌거벗은 채 욕망이 이끄는 대로 끌려다니며 방황할 수밖에 없다.

이 기괴한 모습은 프로이트의 정신분석학에서 통제할 수 없는 욕망에 휘둘려 눈보라치는 거친 벌판을 헤매고 다니는 가련한 자아의 모습과 너무나도 닮아 있지 않은가? 그렇다면 카프카는 「시골의사」에서 통제할 수 없는 욕망과 통제에의 의지 사이에서 방황하는 자아의 모습을 묘사하고 있는 것일까?

이 해석은 분명 흥미진진하다. 그러나 설득력도 있을

까? 이 해석이 설득력을 가지려면, 카프카가 "나는 집의 주인이 아니다"라는 문장이 포함된 프로이트의 논문을 읽었다는 사실을, 혹은 최소한 정신분석학에 관심이 있었다는 사실을 증명할 만한 근거가 있어야 한다. 하지만 그러한 근거는 아쉽게도 어디에서도 찾아볼 수 없다.

물론 카프카가 이 소설을 쓰던 시점에 이미 프로이트와 그의 정신분석학이 전 세계적인 명성을 얻고 있었기 때문에, 카프카가 프로이트에 대해 알고 있었을 가능성은 매우 높다. 하지만 그 정도로는 이 해석이 설득력을 얻지 못한다. 그리고 이는 이런 종류의 정신분석학적 해석이 카프카의 작품을 '올바로' 이해하는 데 큰 도움을 주지는 못한다는 것을 뜻한다.

하지만 그렇다고 해서 이런 해석이 아무런 의미도 없는 것은 아니다. 이 해석은 분명, 어차피 완전한 이해가 불가능한 카프카의 기이한 작품들을 읽는 것을 보다 흥미로운 일로 만들어준다. 카프카의 작품들은 그 자체로서도 흥미진진하지만, 독자들 머릿속에 그보다 더 흥미로울 수도 있는 다양한 상상과 해석을 불러일으킨다.

있는 그대로 받아들이는 '카프카에스크'

지금까지 우리는 카프카의 두 기이한 작품들을 살펴보며, 이 작품들이 어떻게 해석될 수 있는지를 알아보았다. 그리고 눈치 빠른 독자들이라면 아마도 그러한 해석이 지금까지 함께 읽어본 다른 작가들의 소설에서와는 다른 의미를 가지고 있다는 사실을 알아차렸을 것이다.

카프카의 작품들은 정답에 해당하는 해석을 허락하지 않는다. 그러나 그렇다고 해서 해석 자체를 허락하지 않는 것은 아니다. 오히려 카프카의 작품은 셀 수 없이 많은 해석을 유도한다. 단지 그중 어떤 하나가 정답이 되는 것을 허락하지 않을 뿐이다. 따라서 카프카의 작품을 해석한다는 것은 카프카의 작품을 올바로 이해하는 수단이라기보다는 작품을 즐기는 수단이라고 할 수 있다.

독일어에 '카프카에스크kafkaesk'라는 단어가 있다. '카프카 같은'이라는 뜻을 갖는 형용사이자 부사다. 굳이 의미를 설명하자면 '기괴하고, 뜻을 파악하기 어려운' 정도가 될 텐데, 카프카의 작품들이 그 어떤 기존 단어로도 설명할 길 없는 독특한 분위기를 가지고 있기 때문에 생겨나고, 통용된 단어일 것이다.

카프카는 특별하다. 그는 현대사회를 살아가는 이들이 동감할 수밖에 없는 삶의 이미지를 기괴한 이야기로 형상화하지만, 어떤 경우에도 하나의 해석, 하나의 이해로 고정시킬 수 없다. 카프카는 있는 그대로, 기이하고 이해가 불가능한 방식 그대로 읽고 즐겨야 한다. 이 경우, 해석은 즐거움을 더하기 위한 수단에 불과하다. 카프카는 우리에게 새로운 읽기의 방식을 요구한다.

Q 묻고 답하기 A

환상문학과 SF문학의 관계는?

개념적으로 볼 때 환상문학은 자연법칙을 파괴하는 초자연적 사건이 등장하는 문학을 뜻하며, SF는 현재로서는 불가능하지만 미래에는 가능할 수 있는 과학 및 기술의 진보를 전제로 하는 문학이라는 점에서 차이가 있다. 그러나 '미래에 가능할' 기술이라는 것은 현재 관점에서 이미 초자연적인 것에 가깝기 때문에 환상문학과 SF의 경계는 모호하다.

문학사적으로 볼 때 환상문학은 낭만주의 시기

에 첫 번째 전성기를 맞았으며, 자연과학 및 과학적 사고방식이 주목받던 시기에 두 번째 전성기를 맞았다. 이는 이성적 사고가 지배적인 시기에 이를 벗어나려는 문화적 욕구가 생겨난다는 사실을 잘 보여준다.

흥미로운 것은 낭만주의가 두 번째 전성기를 맞이했던 시점과 프랑스 작가이자 『해저 2만 리 Vingt mille lieues sous les mers』의 작가 쥘 베른Jules Verne에 의해 SF가 첫 번째 전성기를 맞이하는 시점이 일치한다는 사실이다.

한편으로 19세기 후반의 SF는 자연과학에 대한 당시 사람들의 열광을 보여주지만, 다른 한편으로는 현실을 벗어나고자 하는, 환상문학을 만들어낸 욕망이 자연과학을 딛고 어떤 방향으로 발전할 수 있는지를 잘 보여준다.

가브리엘 마르케스Gabriel Garcia Marquez의
『백년의 고독One Hundred Years of Solitude』이나
무라카미 하루키村上春樹의 『해변의 카프
카海辺のカフカ』처럼 현대문학 작품에서 카
프카가 소재로 자주 등장하는 이유는?

카프카가 '작가들의 작가'라고 불릴 만큼 전 세계
많은 작가들에게 사랑을 받고 영감을 준다는 사
실은 잘 알려져 있다. 이것을 일반적인 관점에서
설명하는 것은 어려운 일이지만, 카프카가 그만
큼 현대사회를 살아가는 인간의 내면을 관통하는
주제를, 현대를 살아가는 인간들에게 적당한 방
식으로 건드리고 있기 때문이라고 추측은 할 수
있을 것 같다.

20세기 초에 체코와 독일에서 활동했던 카프
카가 20세기 중반 수천 킬로미터 떨어진 콜롬비
아에 살고 있던 청년 마르케스로 하여금 작가가
되도록 결심하는 계기를 제공해주었다고 한다.
이것은 카프카의 문학이 가지고 있는 특별한 현

대성과 특별한 일반성을 잘 보여주는 사례라 할
수 있겠다.

세기전환기를 이해하기 위해 더 읽어
볼 만한 작품이 있다면?

이 책에서 다루지는 못했지만, 세기전환기에 쓰
인 토마스 만의 작품들을 강력하게 추천한다.『부
덴브로크가의 사람들Buddenbrooks』이나『마의 산』
같은 작품들은 상대적으로 난이도가 높은 편이지
만,「토니오 크뢰거Tonio Kröger」,「베니스에서의 죽
음Morte a Venezia」과 같은 단편, 중편 소설들은 이 책
에서 소개한 내용만 가지고도 충분히 소화할 수
있는 흥미진진한 작품들이다. 또, 오스트리아 작
가 슈니츨러의 작품들, 예컨대 희곡『라이겐』,
『아나톨Anatol』, 소설『구스틀 소위Leutnant Gustl』,『꿈
의 노벨레Traumnovelle』 등도 무척 재미있는 작품들
이다. 그 밖에 이 시기 독일어권의 사회와 문화에

대해 알아보고 싶다면 미국 역사학자 칼 쇼르스케Carl E. Schorske의 퓰리처상 수상작 『세기말 빈Fin-de Siecle Vienna』과 필자의 졸저 『욕망하는 인간의 탄생』 역시 재미있게 읽을 수 있을 것이다.

나가는 글

책 읽기, 가장 신나는 지적 탐험

세상에는 즐겁고 재미있는 것들이 참으로 많다. 그리고 그 즐거움과 재미를 경험하기 위해 우리가 해야 하는 일들 역시 무척 다양하다. 단순히 책을 펼치거나, 편안한 의자에 앉아 눈앞에 펼쳐지는 문장과 장면에 몸과 마음을 맡기기만 해도 되는 것들이 있고, 한 문장, 한 장면도 놓치지 않고 집중하여 커다란 지적 활동을 해야만 하는 것들도 있다. 우리가 흔히 고전이나 명작이라 칭하는 문학작품들은 후자에 속하는 경우가 대부분이다. 작품의 진정한 재미를 느낄 수 있도록 해주는 것들이 해석을 통해서야 모습을 드러내는 줄거리 아래 이야기에 숨어 있는 경우가 많기 때문이다.

하지만 그렇다고 해석이 아주 어려운 일은 아니다. 우리는 이미 일상생활 속에서 끊임없이 해석이라는 지적 활동을 하고 있다. 일상적인 대화에서 듣는 말들, 다양한 장소에서 마주치는 온갖 광고문구, 뉴스를 통해 접하는 정치인들의 발언 등, 해석의 과정을 통해서만 그 메시지를 올바로 이해할 수 있는 말들을 우리는 무수히 경험하며 살고 있지 않은가?

문학작품의 해석도 이와 다르지 않다. 해석의 필요성을 알고, 해석을 위한 정보만 가지고 있다면 그동안 우리에게 지루하고 어려운 것으로만 여겨졌던 문학작품들이 훨씬 더 즐겁고 재미있는 것이 될 것이다. 문학작품의 해석에 익숙해지면, 거꾸로 우리가 접하는 일상의 일들과 사회적, 문화적, 정치적 현상들을 보다 선명하게 해석할 수 있는 능력을 얻게 될 것이다. 고전문학의 가장 커다란 교육적 효과 중 하나는 여기에 있다.

지적인 활동을 필요로 하는, 쉽게 소비할 수 없는 문학작품들을 즐기게 되는 계기는 개인마다 다르다. 누구는 어떤 소설의 한 문장, 한 장면에 매혹되어 서양 고전소설에 빠지고, 또 누구는 작가의 매력에 마음을 빼앗겨 그의 소설들을 탐독하기 시작한다. 어떤 이는 특정 시대, 특정 국가의 사회와 문화에 흥미를 느껴 그 시절의 문학작품들에 흥미를 느끼기도 하고, 또 어떤 이는 나처럼 작가의 의도와 무관하게 제멋대로 감동을 느끼고 고전문학의 세계에 발을 들여놓기도 한다.

누군가에게는 바로 이 책이 독일의 소설들, 더 나아가 서양 소설들과 우리 문학에서 커다란 즐거움과 재미를 느끼는 계기가 될 수 있기를 꿈꾸며 긴 글을 마친다.

주석

1. 전혜린, 『그리고 아무 말도 하지 않았다』, 민서출판, 2013, 224~225쪽.

2. 독일의 전설인 파우스트 박사를 소재로 삼은 괴테의 희곡 『파우스트』에서 주인공 파우스트는 황무지 개간을 통해, 즉 거친 야성의 자연을 길들여 인간에게 풍성하고 행복한 삶의 조건을 만들어준 데 대해 무한한 기쁨을 느끼며 눈을 감는다.

KI신서 9572

이토록 매혹적인 고전이라면

1판 1쇄 발행 2021년 2월 10일
1판 6쇄 발행 2024년 7월 10일

지은이 홍진호
펴낸이 김영곤
펴낸곳 ㈜북이십일 21세기북스

서가명강팀장 강지은 **서가명강팀** 박강민 서윤아
디자인 THIS-COVER
출판마케팅영업본부장 한충희
마케팅2팀 나은경 정유진 백다희 이민재
출판영업팀 최명열 김다운 김도연 권채영
제작팀 이영민 권경민

출판등록 2000년 5월 6일 제406-2003-061호
주소 (10881) 경기도 파주시 회동길 201 (문발동)
대표전화 031-955-2100 **팩스** 031-955-2151 **이메일** book21@book21.co.kr

(주)북이십일 경계를 허무는 콘텐츠 리더

21세기북스 채널에서 도서 정보와 다양한 영상자료, 이벤트를 만나세요!
페이스북 facebook.com/jiinpill21   포스트 post.naver.com/21c_editors
인스타그램 instagram.com/jiinpill21   홈페이지 www.book21.com
유튜브 youtube.com/book21pub
서울대 가지 않아도 들을 수 있는 명강의! 〈서가명강〉
유튜브, 네이버, 팟캐스트에서 '서가명강'을 검색해보세요!

ⓒ 홍진호, 2021

ISBN 978-89-509-9415-0 04300
        978-89-509-7942-3 (세트)